Stefan Sander

Das Amt des Diakons

Stefan Sander

Das Amt des Diakons

Eine Handreichung

HERDER

FREIBURG · BASEL · WIEN

© Verlag Herder GmbH, Freiburg im Breisgau 2008
Alle Rechte vorbehalten
www.herder.de
Umschlaggestaltung: Finken & Bumiller, Stuttgart
Satz: Barbara Herrmann, Freiburg
Herstellung: fgb · freiburger graphische betriebe
www.fgb.de
Gedruckt auf umweltfreundlichem, chlorfrei gebleichtem Papier
Printed in Germany

ISBN 978-3-451-29889-9

Inhaltsverzeichnis

Vorwort

Vor zwei Jahren erschien in der Reihe Freiburger Theologische Studien meine Dissertation unter dem Titel „Gott begegnet im Anderen. Der Diakon und die Einheit des sakramentalen Amtes". Erfreulicherweise war sie bereits einige Monate nach der Drucklegung vergriffen. Das überaus große Interesse am Amt des Diakons und meine persönlichen Erfahrungen als Ausbildungsreferent der Diakone im Bistum Osnabrück haben mich nach Anfrage des Verlages bewogen, das Thema der Profilierung des Diakonats erneut aufzugreifen.

Die vorliegende Handreichung ist der Versuch, allen Interessenten am Amt des Diakons eine erste inhaltliche Orientierung zu ermöglichen. Zugleich wendet sie sich an Priester und Diakone, die nach wie vor mit viel Engagement ihren Dienst in unserer Kirche tun, ohne dass die Identität ihres Amtes hinlänglich klar ist.

Im Anschluss an die Ausführungen der Dissertation greifen die Überlegungen 40 Jahre nach der Weihe der ersten Ständigen Diakone in Deutschland die Unschärfen auf und versuchen Profilierungsschritte zu entwickeln, die den Weg aus der Experimentierphase weisen und dem Amt einen stimmigen Ort in der Gemeinde der Zukunft eröffnen. So verstehen sich die Überlegungen auch als Ermutigung für die vielen Diakone, die mit ihrem Dienst schon heute unserer Kirche ein glaubwürdiges Angesicht verleihen.

Widmen möchte ich das Buch unseren Kindern Vincent, Charlotte und Elias, die ihren Weg in der Nachfolge Christi weitgehend noch vor sich haben und von glaubwürdigen Zeugen leben.

Einleitung

Vor 40 Jahren sind in Deutschland nach der Wiedereinführung des Diakonats die ersten Männer zu Ständigen Diakonen geweiht worden. Das Zweite Vatikanische Konzil hatte das Amt nach seiner fast tausend Jahre währenden Bedeutungslosigkeit als Durchgangsstufe zum Priesteramt wieder als eigenständiges Amt eingesetzt.

Sicher war die Erneuerung des Diakonats durch das Konzil ein bemerkenswertes Phänomen kirchlicher Zeitgeschichte, für das es nicht viele Parallelen geben wird. Zugleich haben die Konzilsväter das Amt allerdings in ein Experimentierstadium entlassen, in dem es sich auch heute noch befindet. Mit ihren von pastoraler Sorge geprägten Erwägungen haben sie dem Diakonat zwar die Tür geöffnet für eine Wiederbelebung, eine innere Mitte, eine stimmige theologische wie pastoralpraktische Verortung konnten sie ihm allerdings noch nicht geben. So verwundert es nicht, dass auch heute noch intensiv gerungen wird um das Profil und die Identität des Diakonats.

Die Palette der Identitätsangebote ist dabei nach wie vor breit. Für die einen ist der Diakon ein Helfer des Priesters, manche halten ihn für einen mit wenig Vollmacht ausgestatteten Ersatzpriester. Andere bezeichnen ihn aufgrund der verschiedenen Ausführungen – er tut seinen Dienst mal mit Zivilberuf, mal im Hauptberuf – als ehrenamtlich Geweihten oder als einen geweihten Laien. Manchmal wird er zwischen Klerikern und Laien als Brückenbauer eingeordnet, er ist dann so etwas wie ein mittleres Amt. Auch einige Konzilsteilnehmer argumentierten so: Ein Diakon sei zwar kein Laie, der auf eine höhere Stufe des Laienapostolats gehoben werde. Aufgrund der sakramentalen Gnade und des in der Weihe empfangenen Prägemals gehöre er zum dreigliedrigen sakramentalen Amt. Allerdings müsse man ihn aufgrund seines Tätigkeitsfeldes als Brücke zwischen den eigentlichen Amtsträgern – den Bischöfen und Presbytern – und den Laien einordnen.

In letzter Zeit wird der Diakon immer wieder als Stellvertreter der Armen verstanden. Allerdings halten einige Theologen und Diakone eine darin begründete Schwerpunktsetzung im sozialdiakonischen Feld für einen deutschen Sonderweg und heben stattdessen seinen Dienst am Wort oder auch in allen drei Grundvollzügen kirchlichen Lebens hervor. In einzelnen Ländern wird er noch einmal anders als liturgischer Diakon eingesetzt und in mancher Diözese leitet er als Pfarrbeauftragter eine Gemeinde. Was also ist ein Diakon?

Die intensive Suche nach einer stimmigen Identität des Diakonats zeigt, dass mit einem spezifischen Aufgabenschwerpunkt allein keine Kontur zu gewinnen ist. Die Unschärfen betreffen nämlich zugleich das Verständnis des Amtes insgesamt, die Begründung der Sakramentalität des Amtes und die Einheit des dreigliedrigen Amtes der Kirche. Nur wer diese Themenfelder in ein Gesamtkonzept integriert, das auch nachdenkt über die Kirche selbst, wird dem sakramentalen Amt des Diakons einen stimmigen Ort in der Kirche der Zukunft geben können. Das soll in den folgenden Ausführungen versucht werden.

1. Ekklesiologische Grundlegung

Alle Glieder des Leibes Christi sind durch die ihnen zuteil gewordene Gabe des Geistes Gottes dazu berufen, Jesus Christus nachzufolgen und seinem Geist in ihrem Leben eine lebendige Gestalt zu geben. So sind alle Glaubenden ermutigt, mit ihrem Leben Zeugnis zu geben und dadurch Teil zu haben an der messianischen Sendung Jesu Christi. Die Nachfolgegemeinschaft darf sich dabei leiten lassen vom Apostel Paulus: „Angesichts des Erbarmens Gottes ermahne ich euch, meine Brüder (und Schwestern), euch selbst als lebendiges und heiliges Opfer darzubringen, das Gott gefällt; das ist für euch der wahre und angemessene Gottesdienst" (Röm 12,1). Paulus lässt keinen Zweifel daran, dass das gemeinsame Priestertum aller Gläubigen das alttestamentliche Opferpriestertum ablöst; Jesus Christus hat unüberbietbar die Solidarität Gottes mit allen Menschen gestiftet. Als Heilige Gottes leben die Glaubenden ein für allemal ohne Unterschied in der Nähe Gottes, im schon angebrochenen und noch nicht vollendeten Reich Gottes.

Die Berufung des Volkes Gottes in die Nachfolge ist von Anfang an mit der Sendung des Jünger- und Jüngerinnenkreises verbunden. Insbesondere die Berufung der Zwölf zielt im Zusammenhang der Sammlung der Nachfolgegemeinschaft darauf, das gesamte Volk Gottes symbolisch zu repräsentieren und bereits ganz real vorwegzunehmen. Sie werden dadurch aber nicht vom Volk Gottes abgesondert, sondern bilden stellvertretend das Volk Gottes ab. Als Zeugen seiner Botschaft stehen sie inmitten des Volkes Gottes und zugleich ihm gegenüber, um im Namen Jesu das Reich Gottes zu verkündigen und zur Umkehr zu rufen. Jesus bindet die Weitergabe seiner Botschaft somit an konkrete

Personen, die in Treue zu seinem Wort mit ihrem Leben Zeugnis für das Evangelium geben. In der Vielfalt der Charismen dienen die so mit Vollmacht in Dienst genommenen Personen der gemeinsamen Berufung und Sendung der Kirche. Die Stellvertreter Jesu Christi dienen somit der Identität der Kirche.

Unmittelbar nach den Ostererscheinungen und der Geistsendung stehen bevollmächtigte Sachverwalter, Stellvertreter inmitten der Gemeinde, um in Treue zur Sendung Jesu Christi das Reich Gottes zu verkünden, Dämonen auszutreiben und Kranke zu heilen (vgl. Mk 3,14; 1,17). Auch wenn ihr Dienst noch nicht alle Kriterien eines klar umrissenen Amtes erfüllt, sind sie doch die Gesandten, die Apostel, die Stellvertreter dessen, der sie berufen und beauftragt hat. Wozu aber hat er sie berufen? Wie sollen sie ihren Dienst in und gegenüber der Gemeinde gestalten? Vom Geist Gottes geleitet stehen sie vor der Aufgabe, die Nachfolgegemeinschaft in Treue zur Botschaft ihres Herrn aufzuerbauen. Wer vom Amt spricht, tut also gut daran, zunächst von der Kirche als Nachfolgegemeinschaft zu sprechen, ihr ein Gesicht und Selbstverständnis zu geben, an das amtlicher Dienst gebunden ist, an das die Stellvertreter Jesu Christi mit ihrem Dienst erinnern und das sie in großer schöpferischer Freiheit lebendig mitgestalten.

1.1 Die Kirche als universales Sakrament des Heils

Das Zweite Vatikanische Konzil hat die Kirche als universales Sakrament des Heils und als Volk Gottes beschrieben. Dies sind die beiden „Herzworte seiner Ekkelsiologie"[1]. Für das Verständnis des Amtes in der Kirche ist der Leitbegriff des Volkes Gottes (vgl. Lumen Gentium 9–17) sicher von entscheidender Bedeutung, beschreibt das Konzil damit doch die allen Unterscheidungen vorausgehende Gemeinsamkeit aller Getauften. Das Verständnis der Kirche als „Sakrament, das heißt Zeichen und Werkzeug für die innigste Vereinigung mit Gott wie für die Einheit der ganzen Menschheit" (LG 1) erschließen die Konzilsväter aus der Bedeutung von Leben und Tod Jesu Christi selbst.

In Jesu Hingabe an den Vater im Himmel und an seine Schwestern und Brüder auf der Erde findet die Rede von der Sakramentalität der Kirche ihre Erfüllung. So wie Jesus sich ganz dem Willen des Vaters hingibt bis zum Tod am Kreuz und dadurch das Heil der Menschen wirkt, soll auch die Kirche der Einheit der Menschen mit Gott und untereinander dienen. So wie Jesus sich hingibt für das Leben aller Menschen, ist auch die Kirche zum Dienst solidarischer Liebe berufen. Das sakramentale Grundverständnis der Kirche dient also dazu, Klerikalismus, Selbstüberschätzung und Enge der Kirche zu überwinden. Es will keine sakrale Überhöhung formulieren, sondern richtet die Nachfolgegemeinschaft aus an Jesus Christus, der sich selbst zum Diener aller gemacht hat. Das messianische Volk Gottes versteht sich auf seinem Weg durch die Zeit somit als Gemeinschaft, die dem Heilswillen Gottes zum Durchbruch verhelfen will. Heil und Heilung der Menschen stehen im Mittelpunkt. Wer hinter Jesus dem Heiland hergeht, der baut mit am Heil-Land, am Reich Gottes in dieser Welt.

Der Nachfolge der Kirche auf dem Weg des armen Christus zu den Armen dieser Erde kommt dabei ganz besondere Bedeutung zu. Gerade in ihrem sakramentalen Charakter ist die Kirche einem Leben als Kirche der Armen verpflichtet. In LG 8 kommt dieses Anliegen des Konzils unmissverständlich zum Ausdruck: „Wie aber Christus das Werk der Erlösung in Armut und Verfolgung vollbrachte, so ist auch die Kirche berufen, den gleichen Weg einzuschlagen, um die Heilsfrucht den Menschen mitzuteilen. Christus Jesus hat, ‚obwohl er doch in Gottes Gestalt war ... sich selbst entäußert und Knechtsgestalt angenommen' (Phil 2,6); um unseretwillen ‚ist er arm geworden, obgleich er doch reich war' (2 Kor 8,9). So ist die Kirche, auch wenn sie zur Erfüllung ihrer Sendung menschlicher Mittel bedarf, nicht gegründet, um irdische Herrlichkeit zu suchen, sondern um Demut und Selbstverleugnung auch durch ihr Beispiel auszubreiten. Christus wurde vom Vater gesandt, ‚den Armen frohe Botschaft zu bringen, zu heilen, die bedrückten Herzens sind‘ (Lk 4,18), ‚zu suchen und zu retten, was verloren war‘ (Lk 19,10). In ähnlicher Weise umgibt die Kirche alle mit ihrer Liebe, die von menschlicher Schwachheit angefochten sind, ja in den Armen und Leidenden erkennt sie das Bild dessen, der sie gegründet hat und selbst ein Armer und Leidender war. Sie müht sich, deren Not zu erleichtern, und sucht Christus in ihnen zu dienen."

Das Konzil ruft an dieser Stelle eindrücklich den Zusammenhang von Solidarität mit den Armen und der Begegnung mit Christus in Erinnerung. Gerade die Liebe zu den Notleidenden unserer Erde stiftet eine heilbringende Beziehung zu Jesus Christus, dem anonymen Bruder aller Geringsten. Denn im Geringsten begegnet Jesus selbst und in ihm Gott. Das Gleichnis vom letzten Gericht (vgl. Mt 25,31–46) macht die solidarische Liebe zu den Bedrängten, Ausgegrenzten, den Notleidenden aller Art zum entscheidenden Maßstab christlichen Handelns: „Was ihr für einen meiner geringsten Brüder getan habt, das habt ihr mir getan" (Mt 25,40). Damit stehen der Dienst der Kirche und der des Amtes in ihr unter der konkreten Herausforderung messianischer Verantwortung für die Armen und Bedrängten. Die amtlichen Strukturen der Kirche werden diesem Anspruch dann gerecht, wenn sie sich mit der konkreten Lebenswelt der Armen verbinden. Denn wer Christus dienen will, der wird den Armen und Bedrängten aller Art dienen. Sie sind ein Ort der Gottesbegegnung in dieser Welt. In der Praxis solidarischer Liebe zu ihnen wird die ganze Kirche „zum besonders not-wendigen ‚Realsymbol‘ der befreienden Botschaft Jesu vom Reich Gottes"[2].

1.2 Abendmahl und Fußwaschung als Kernerzählungen kirchlichen Selbstverständnisses

So wie der Dienst an den Geringsten Begegnung mit Christus ermöglicht, feiern die Christen seit ihren Anfängen in der Eucharistie die Begegnung mit ihrem Herrn. Sie ist die sakramental und institutionell intensivste Verdichtung des in Jesu Sendung gegebenen unmittelbaren Zusammenhangs von Nähe zu Gott und Nähe zu den Menschen. So gesehen ist die Eucharistie das „Sakrament des Glaubens" (GS 38), „in dem die universale Tischgemeinschaft des Reiches Gottes, zu der ja vor allem die von draußen, ‚die Armen und die Krüppel, die Blinden und die Lahmen', von den Straßen und Gassen der Welt versammelt werden (Lk 14,15–24), ihre realsymbolische ‚Vorfeier' begeht"[3].

Jesus selbst hat seinem Akt der Hingabe bleibende Gegenwart verliehen durch die Einsetzung der Eucharistie während des Letzten Abendmahles. Auch die johanneische Erzählung von der Fußwaschung (Joh 13,1–20) erschließt wie das Abendmahl den Tod Jesu als endgültige Besiegelung seiner Liebe. Die dienende Selbsterniedrigung Jesu in der Fußwaschung wird zur bildhaften Darstellung seiner gesamten Sendung. Eine Darstellung von Abendmahl und Fußwaschung aus dem 11. Jahrhundert hilft, den Zusammenhang der beiden Erzählungen und ihrer Bedeutung für kirchliches Selbstverständnis wie für das Amt in ihr zu erschließen.

Abendmahl und Fußwaschung sind Kernerzählungen für das, was Kirche ist und sein will, „wofür die Kirche steht und geht."[4] Auf dem Bild wird das vom Buchmaler der Reichenau in Szene gesetzt. Jesus sitzt in der oberen Bildhälfte beim Abendmahl. Mit ihm halten die Jünger, von denen zwei noch bedienen und Judas Iskariot, der ihn verrät, Mahl. Jesus segnet soeben das Brot, das er ihnen dann reicht. Dazu spricht er die seit Jahrhunderten überlieferten Worte: „Das ist mein Leib." Christen verleiben sich den Leib des Herrn ein, dadurch werden sie sein Leib. „Ein Brot

Abendmahl und Fußwaschung: Perikopenbuch Kaiser Heinrichs II. um 1007, München Bayerische Staatsbibliothek

ist es. Darum sind wir viele ein Leib, denn wir alle haben teil an dem einen Brot" (1 Kor 10,17). Tiefe Verwobenheit wächst: „Die Vereinigung mit Christus ist zugleich eine Vereinigung mit allen anderen, denen er sich schenkt."[5] Der Wesenszug Jesu Christi ist die Selbstentäußerung, die Hingabe für das Leben der Welt. Essen Christen den Leib des Herrn, dann werden sie sein Leib, dann prägt sie im Innersten die Bereitschaft und Fähigkeit zur Hingabe, zu solidarischem Engagement für die Menschen und die ganze Schöpfung. „Gottesliebe und Nächstenliebe sind nun wirklich vereint ... Von da versteht es sich, dass *Agape* nun auch eine Bezeichnung der Eucharistie wird: In ihr kommt die *Agape* Gottes leibhaft zu uns, um in uns und durch uns weiterzuwirken. Nur von dieser christologisch-sakramentalen Grundlage her kann man die Lehre Jesu von der Liebe recht verstehen ... Glaube, Kult und Ethos greifen ineinander als eine einzige Realität, die in der Begegnung mit Gottes *Agape* sich bildet. Die übliche Entgegensetzung von Kult und Ethos fällt hier einfach dahin: Im ‚Kult' selber, in der eucharistischen Gemeinschaft ist das Geliebtwerden und das Weiterlieben enthalten. Eucharistie, die nicht praktisches Liebeshandeln wird, ist in sich selbst fragmentiert"[6]. Der Künstler drückt diese Realität in der Zusammenstellung von Abendmahl und Fußwaschung aus. Die Tiefendimension der Eucharistie ist ihr sozialer Charakter, Fußwaschung und Abendmahl als Zeichen solidarischer Liebe sind nicht zu trennen. Kirche ist dort, wo Abendmahl und Fußwaschung sich ereignen.

Mit der Zusammenstellung der beiden Kernerzählungen wird die unlösliche Verschränkung von Gottesliebe und Nächstenliebe unterstrichen. „Beide gehören so zusammen, dass die Behauptung der Gottesliebe zur Lüge wird, wenn der Mensch sich dem Nächsten verschließt oder gar ihn hasst."[7] Dieser unlösbare Zusammenhang ist für die Kirche von elementarer Bedeutung. Der Dienst am Nächsten ist ein Ort der Gottesbegegnung, keine lästige Pflicht, kein moralischer Appell, kein drängendes Almosen.

Wer sich Gott zuwendet, kann gar nicht anders als sich der Menschen anzunehmen. Und umgekehrt kann die Abwendung vom Nächsten auch für Gott blind machen. Das dienende Dasein als bleibendes Zeichen der gesamten jesuanischen Sendung wird der Gemeinde zur Nachahmung empfohlen. Solidarische Liebe, sozialdiakonischer Einsatz für die Armen sind also kein schmückendes Beiwerk, keine Vorfeldarbeit, die verzichtbar wäre. Benedikt XVI. fasst es in seiner Enzyklika „Deus caritas est" so zusammen: „Das Wesen der Kirche drückt sich in einem dreifachen Auftrag aus: Verkündigung von Gottes Wort (kerygma-martyria), Feier der Sakramente (leiturgia), Dienst der Liebe (diakonia). Es sind Aufgaben, die sich gegenseitig bedingen und sich nicht voneinander trennen lassen. Der Liebesdienst ist für die Kirche nicht eine Art Wohlfahrtsaktivität, die man auch anderen überlassen könnte, sondern er gehört zu ihrem Wesen, ist unverzichtbarer Wesensausdruck ihrer selbst."[8] Die sakramentale Seelsorge geschieht eben nicht einzig am Altar, durch den Priester. Sie geschieht genauso im sozialdiakonischen Handeln. Brot und Wein werden ebenso zu Zeichen der Gegenwart Gottes wie der Andere, der Arme, in dem Christus begegnet. Eucharistie und Armenfürsorge sind also nicht zu trennen oder gegeneinander auszuspielen.[9] Sie sind Orte der Gegenwart Gottes in dieser Welt. Dafür hatte die Kirche immer ein gutes Gespür. So ist von Johannes Chrysostomus (349–407) überliefert: „Das Sakrament des Altares ist nicht zu trennen vom Sakrament des Bruders". Und Papst Gregor der Große radikalisiert die unlösbare Einheit von Eucharistie und Sozialdiakonie mit den Worten: „Wenn ein Mensch in Rom des Hungers stirbt, ist der Papst nicht würdig die Messe zu feiern."

1.3 Das Amt erinnert den Zusammenhang von Gottesdienst und Nächstendienst

Von Anfang an steht der unlösliche Zusammenhang von Gottesdienst und Nächstendienst im Zentrum des Lebens der jungen Kirche. Weil er so bedeutsam ist für die Identität der Kirche, hat sich das Amt in ihr seit seinen Anfängen dafür eingesetzt, dass die Nachfolgegemeinschaft daraus lebt und die Einheit beider Dimensionen nicht vergessen wird. Das Amt leistet also den wichtigen Dienst der Erinnerung, schützt die Kirche vor dem Vergessen des Ursprungs, des Auftrags Jesu.

Unzählige Bischöfe, Priester und Diakone haben sich bis heute in Dienst nehmen lassen für Gottesdienst und Nächstendienst. Bildhaften Ausdruck findet diese Dienstbereitschaft u. a. darin, dass viele Weihekurse eine der beiden Kernerzählungen als Einladungsmotiv zu ihrer Ordination gewählt haben. Sie drücken damit aus, dass sie für eine Kirche stehen und gehen, die sich gottvoll auf die Seite der Menschen, besonders der Armen stellt und sich einsetzt für solidarische Liebe, die aus der Hingabe Gottes an die Welt erwächst. Bischöfe, Priester wie Diakone lassen sich mit ihrer ganzen Existenz in den Dienst nehmen für Jesus Christus, der sich ganz in den Dienst seines Vaters gestellt und für die Welt hingegeben hat. Sie erinnern durch ihr Tun die untrennbare Einheit von Gottesdienst und Nächstendienst und halten durch ihren Dienst Gottesliebe und Nächstenliebe im Herzen der Menschen wach. Damit erinnern die Ämter ein Grundcharakteristikum der Kirche, das von Anfang an für die Nachfolgegemeinschaft und die sich in ihr entwickelnden Ämter unverzichtbar gewesen ist, wenn sie in der Sendung Jesu Christi stehen wollen: *diakonia*, Dienst. Damit ist zugleich die einzige, unumstößliche neutestamentliche Forderung an jedes kirchliche Amt formuliert, will es dem Anspruch Jesu gerecht werden. „Andere Versuche, die kirchlichen Ämter in ihrer äußeren Gestalt und Organisation vom NT abzuleiten, müssen scheitern, weil

1. die Vergangenheit nie einfach wiederholt werden kann, 2. das Neue Testament keine fertigen Ämter, sondern vielmehr rasch ablösende Modelle der Gemeindeleitung kennt und es 3. nicht gelingt, über die kirchenstiftende Absicht Jesu hinaus konkrete Formen des Amtes oder der Gemeindeleitung auf ihn selbst zurückzuführen."[10] Der im Geist Jesu lebenden Kirche insgesamt ist das diakonische Prinzip von ihrem Ansatz her eingestiftet.

Damit wird aber auch deutlich: die Grundhaltung des Dienens ist Grundcharakteristikum der ganzen Kirche und durchfärbt *alle* Dienstämter. Sie ist nicht das Besondere, das Spezifikum *eines* Amtes. Sie ist auch nicht delegierbar an ein Amt, als wenn die eine Grundhaltung teilbar wäre. Und die Idee, Christus der Diener könne durch das Amt des Diakons erinnert werden, wohingegen das presbyterale Amt Christus den Herrn der Kirche in Erinnerung ruft, macht nach bisher Gesagtem keinen Sinn. Jesus erweist ja gerade sein Herrsein durch seinen Dienst. Dies wird in der Fußwaschungsszene ganz deutlich. Jesus sagt zu seinen Jüngern: „Ihr sagt zu mir Meister und Herr, und ihr nennt mich mit Recht so; denn ich bin es. Wenn nun ich, der Herr und Meister, euch die Füße gewaschen habe, dann müsst auch ihr einander die Füße waschen" (Joh 13,13f). Die Fußwaschungsszene ist sicher so etwas wie die Magna Charta der Nachfolgegemeinschaft Jesu; die symbolische Zeichenhandlung Jesu macht den Dienst, die *diakonia* zum ekklesiologischen Grundprinzip. Sie als „Gründungsurkunde" des Diakonats zu verstehen, bringt allerdings mehr Verwirrung als Klärung eines amtlichen Profils. Natürlich ist auch der Diakon der Grundhaltung des Dienens verpflichtet, allerdings in diesem Sinn nicht mehr und nicht weniger als alle Christen und alle Ämter in der Kirche.

Die hohe Bedeutsamkeit des Dienstes, der Diakonie zeigt sich in den Evangelien und auch bei Paulus durch den besonderen Ort, den das *diakonia*-Motiv dort erhalten hat. Darauf muss jetzt eingegangen werden.

1.4 Die Mahlgemeinschaft stiftet Identität

Im letzten Abendmahl und in der Fußwaschungsszene haben sich Jesu Selbsthingabe bis in den Tod und seine Dienstbereitschaft für Gott und für den Menschen in unüberbietbarer Weise verdichtet. Im Motiv der *diakonia*, das in der Fußwaschung deutlich anklingt, ist einerseits die Grundhaltung, das Grundcharakteristikum der Jüngergemeinschaft eingeholt. Die Sendung Jesu, die zutiefst geprägt ist vom Dienst für den Nächsten, lebt in einer dienenden Kirche fort. Zugleich muss sich der Dienst für den Herrn als Dienst für den geringsten Mitmenschen bewähren.

Durch die Einsetzung der Eucharistie während des letzten Abendmahls hat Jesus seinem Dienst der Hingabe bleibende Gegenwart verliehen. Der innere Zusammenhang von Eucharistie und Hingabebereitschaft findet nun in der Tradition seinen Ausdruck durch eine enge Verbindung des Dienstmotivs mit der Mahlpraxis Jesu. Sie ist mitzulesen, um die Eucharistie in ihrer Sinnmitte zu erschließen. Die Mahlpraxis Jesu wird in den Evangelien zu einem zentralen Zug seines Wirkens, weil er seine Verkündigung des Reiches Gottes eng mit festlichen Mahlzeiten verbindet. Auch die junge Kirche findet seit den Anfängen in der entsprechenden Mahlpraxis ihre Identität. In ihr zeigt sich nämlich, dass die Leidenssolidarität mit den Armen und Geringen wesentliches Kennzeichen der Kirche und ihrer amtlichen Strukturen ist.

Insbesondere in der Mahlgemeinschaft Jesu mit Zöllnern und Sündern, mit Armen und Ausgestoßenen wird dieser Zusammenhang lebendig.[11] Immer wieder wendet sich Jesus den Ausgegrenzten in einer gemeinsamen Mahlfeier zu und ruft sie in die Nachfolge. Jesu Handeln löst in seiner Umgebung Zustimmung und auch deutliche Ablehnung aus. Warum isst Jesus gerade mit Zöllnern und Sündern? Seine Antwort ist klar und unmissverständlich: „Nicht die Gesunden brauchen den Arzt, sondern die Kranken. Darum lernt, was es heißt: Barmherzigkeit will ich, nicht Opfer. Denn ich bin gekommen, um die Sünder zu rufen, nicht die Gerechten" (Mt 9,12.13). Die Mahlfeiern stehen für Jesus in enger Beziehung zu seiner Gottesreichverkündigung, sie sind anschaulich vermittelnde Zeichen des jetzt ausgebrochenen Reiches Gottes. „Gottes Liebe und Barmherzigkeit ist durch Jesus gerade den Armen so handgreiflich nahegekommen, daß sie jetzt schon mit Gott zu Tische sitzen dürfen (Mt 9,9ff.; Lk 15,23f.; 19,1ff.) und so Anteil am Heil des Reiches Gottes erhalten."[12] Im letzten Mahl mit seinen Jüngern erweist sich Jesus dann als der, dessen gesamte Sendung von der Lebenshaltung dienender Selbsthingabe bis in den Tod gezeichnet ist.

Eine Schlüsselstelle zum Verständnis des Zusammenhangs zwischen dem Motiv der *diakonia* und der Mahlgemeinschaft ist Mk 10,42–45. Es ist wichtig wahrzunehmen, dass diese Worte in unmittelbarem Zusammenhang mit der Stiftung des Herrenmahls stehen. Markus erzählt, wie die Jünger Jesu sich um die besten Plätze im Reich Gottes sorgen und sie für sich reservieren wollen. Darauf antwortet Jesus ihnen: „Ihr wisst, dass die, die als Herrscher gelten, ihre Völker unterdrücken und die Mächtigen ihre Macht über die Menschen missbrauchen. Bei euch aber soll es nicht so sein, sondern wer bei euch groß sein will, der soll euer Diener sein, und wer bei euch der erste sein will, soll der Sklave aller sein. Denn auch der Menschensohn ist nicht gekommen, um sich dienen zu lassen, sondern um zu dienen und sein Leben hinzugeben als Lösegeld für viele." Während Diakonie bei den Griechen etwas Minderwertiges war, das der Verwirklichung der eigenen Persönlichkeit im Wege steht, wird *diakonia* für Jesus zum Schlüsselbegriff für eine neue Lebenshaltung.[13] Hingabe des Lebens wird zum Lösegeld für viele. Jesus unterstellt seine Jünger und mit ihnen die gesamte Nachfolgegemeinschaft diesem Grundprinzip des Dienens. Die Jünger werden auf die von Jesus selbst bis zur Selbsthingabe gelebte Dienstbereitschaft verpflichtet, weil sie allein der Gottesherrschaft entspricht; allein die diakonische Grundhaltung ist Reich-Gottes-würdig.

Jesus stiftet an dieser Stelle kein Amt oder verpflichtet einzelne zu besonderem Dienst; er nimmt vielmehr die Kirche als Ganze in Dienst für ein Leben aus Jesu Selbsthingabe, ganz für Gott und ganz für die Menschen, ganz im Dienst für Gott und ganz im Dienst für die Menschen. Markus fügt dem Logion als Begründung für diesen Zusammenhang das Wort von der dienenden Hingabe des Menschensohnes „für viele" hinzu.[14] Damit stellt er zugleich den Zusammenhang mit Jesu letztem Mahl her und erschließt die ganze Sinntiefe des Motivs der *diakonia*. Sie ist nicht nur Ausdruck aller helfenden Liebestätigkeit am Nächsten, sondern wird als Hingabe des Lebens verstanden, als Dasein für die Anderen in Leben und Sterben. Zentraler Ort dieser Deutung ist die eucharistische Mahlgemeinschaft. Ihr Ausgangspunkt ist die Hervorhebung des Liebes- und Heilswillens Gottes, ihr Ziel ist die Zuwendung zum Menschen in seiner leibseelischen Ganzheit und ihre tragende Kraft ist das dienende Dasein Jesu für die Menschen.[15] Das Mahl wird zum Ort der bis zum jüngsten Tag reichenden *diakonia* Gottes, sein Liebesdienst zum Erkennungszeichen der Jünger in dieser Welt.

Selbst wenn erst die Tradition das *diakonia*-Motiv in Zusammenhang mit dem letzten Mahl gebracht hat, wird angesichts der besonderen Aussage und des spezifischen Gehalts von einer zutreffenden Deutung der Sendung Jesu auszugehen sein. So wird auch in der Entwicklungslinie neutestamentlicher Christologie sichtbar, dass eine soziale Leitungsverantwortung direkt in der eucharistischen Mahlgemeinschaft verankert ist.

In der nachösterlichen Mahlgemeinschaft der jungen Kirche bleibt Jesu Mahlfeier mit den Armen und den Randexistenzen der Gesellschaft prägendes Motiv. Von zentraler Bedeutung ist dabei, dass die Mahlgemeinschaft mit Jesus mit einer leiblichen Sättigung einhergeht; Armut und Hunger werden im Sättigungsmahl konkret angegangen und aufgehoben. Die von Jesus geladenen Randexistenzen, für die Armut und Hunger tagtäglich eine lebensbedrohliche Konfrontation darstellen, erfahren hier konkretes Heil. Die Tischgemeinschaft mit dem Herrn und die elementare Armenfürsorge finden in der Einheit von eucharistischer Feier und Sättigungsmahl ihre signifikante Form. Eine Trennung dieser beiden Elemente des wahren Herrenmahls ist für die junge Kirche kaum denkbar, liegt doch gerade in der Verknüpfung die für die kirchliche Gemeinschaft charakteristische und Identität stiftende Kraft. Die Einheit von Gottesdienst und Nächstendienst, von Kult und Ethos ist also in der entsprechenden Gestalt des Herrenmahls grundgelegt. Dass es dabei ums Ganze geht, ruft Paulus eindrücklich in seinem Brief an die Korinther (1 Kor 11,17–34) in Erinnerung; und auch in der Apostelgeschichte ist die Wahl der Sieben (Apg 6,1–6) im Sinne dieser Intention zu lesen.

Abschließend bleibt festzuhalten, dass die Kirche seit ihren Anfängen aus dem unlösbaren Zusammenhang von Gottesdienst und Nächstendienst lebt. Die Gemeinde des Anfangs findet darin ihre Identität und lebt aus der Verkündigung des Wortes Gottes und der Feier des Herrenmahls, die sie als spannungsvolle Einheit von sakramental-eucharistischer und lebensgeschichtlich-leibhaftiger Wirklichkeit gestaltet. Diese Einheit von Sättigungsmahl als Verantwortung für die Armen und eucharistischem Geschehen ist nun auch grundlegend für den identitätsstiftenden Dienst der Ämter in der jungen Kirche.

2. Neutestamentliche Spurensuche

Die Kirche des Anfangs ist an einer Institutionalisierung und inneren Strukturierung ihres gemeindlichen Lebens weit weniger interessiert als an der Verkündigung des Evangeliums.[16] Die Spuren, die den Entstehungsprozess und die Aufgaben der Ämter offen legen könnten, sind dementsprechend rar und dünn gesät. Das Neue Testament enthält letztlich keine Theorie für die Begründung und Gestaltung kirchlicher Ämter. Vielmehr lassen die Schriften eine Vielzahl gemeindlicher Strukturen und kirchlicher Dienste in Erscheinung treten; verbindendes Element ist dabei die in allen Texten spürbare Sorge um Identität im und Kontinuität zum Ursprungsereignis. Aus diesem Anliegen heraus wachsen allerdings sich rasch wandelnde Strukturen, die in ihrer Vielfalt und Unterschiedlichkeit manchmal nacheinander folgen, bisweilen aber auch nebeneinander existieren. Das Selbstverständnis der Gemeinde wie das der in ihr entstehenden Ämter ist dabei wechselseitig aufeinander bezogen: Veränderungen in den Gemeinden ziehen Entwicklungen in der Strukturierung der Ämter nach sich, das Leben in den Gemeinden wird durch entstehende Ämter und Dienste neu geordnet und inspiriert. Maß und Norm aller gestalterischen Freiheit ist allein das Evangelium vom Kommen der Gottesherrschaft in Jesus Christus. Lassen sich trotzdem Fixpunkte oder Kriterien für die Legitimität der Ämter der Kirche aus dem Zeugnis des Neuen Testaments erschließen?

2.1 Amt ist Dienst

Das Neue Testament hat für die sich herausbildenden Ämter an keiner Stelle eine normative Theorie entwickelt, es lässt sich auch kein übergeordneter Amtsbegriff finden. Einziges Wort, das einigermaßen regelmäßig verwendet wird, ist allein der Begriff *diakonia*, Dienst. Zentrales Kriterium für die Ämter ist also, dass sie die Grundintention Jesu festhalten und aus der Grundhaltung des Dienens ihre Aufgaben in der Gemeinde und für die Gemeinde erfüllen. Das Amt im Geiste Jesu zeigt dementsprechend nicht hierarchische, sondern diakonische Züge innerhalb der Gemeinde und ihr gegenüber. Diakonie als Bereitschaft, sich in den Dienst nehmen zu lassen für Jesus Christus und für die Nachfolgegemeinschaft, ist einziges Grundcharakteristikum aller Ämter. Sie stehen in unaufhebbarer Relation zur Gemeinde und in unaufgebbarer Relation zu der in und durch Jesus Christus vorgegebenen Norm des Dienens. Der darin grundgelegte relationale Charakter amtlicher Sendung ist somit christologisch bedingt. „Amt ist ein Relationsbegriff. Für sich gesehn und auf sich allein hin ist jeder Christ nur Christ ... ‚Pro vobis', d. h. in der Relation auf die anderen hin, allerdings in einer unumstößlichen und den Betroffenen in seinem ganzen Sein tangierenden Relation, wird man Träger des Amtes. Amt und Relation sind identisch, Amtsein und Relationsein fallen ineinander. Das Amt ist die Relation des ‚Für euch'."[17]

Darüber hinaus lässt sich den Schriften entnehmen, dass die Ämter in der jungen Kirche einem Entwicklungsprozess unterworfen sind. Anfangs werden einige Aufgaben aus der Vielfalt der Charismen herausragen; sie bekommen eine besondere Bedeutung, weil sie die Identität der Gemeinde berühren und unverzichtbar sind. Derart wesentliche Dienste werden schon in den ersten Jahren der jungen Kirche nach geregelten Verfahren auf Dauer an darin bewährte Personen übertragen. Sie werden also institutionalisiert, bekommen einen Titel, Nachfolger treten in das frei gewordene Amt ein. Die Grundhaltung des Dienens (*diakonia*) an der und für die Gemeinde bleibt dabei verpflichtendes Grundprinzip.

2.2 Strukturen- und Ordnungsvielfalt

Die Struktur- und Ordnungsvielfalt in den Gemeinden des Anfangs ist ein weiteres Kennzeichen neutestamentlichen Amtsverständnisses. Sie zeigt, dass noch Vieles im Fluss ist und auch sein darf. Unterschiedlichen geschichtlichen Situationen, differenzierten örtlichen Gegebenheiten, Herausforderungen von außen wie kritischen Situationen innerhalb der Gemeinden wird nämlich in offenen und vielfältigen Anpassungsprozessen begegnet. Die große Variabilität und Freiheit der Kirche in der Strukturierung ihres Lebens, die sich schon im Neuen Testament zeigt, wird zu einem wichtigen Kennzeichen der Ämterentwicklung in den nächsten Jahrhunderten. Die Wahrheit des Amtes zeigt sich also in seiner Geschichte, ja ist Geschichte und lässt sich nicht aus einem Dokument ablesen. Auch die Entstehung und Konsolidierung des Diakonenamtes ist eingezeichnet in den breiten Kontext theologischer und geschichtlicher Herausforderungen und Entwicklungsprozesse. Ein beredtes Beispiel dafür sind die in Syrien und Palästina auftretenden „heimatlosen Wandercharismatiker"[18], die dem engeren Nachfolgekreis Jesu zuzurechnen sind. In den ersten Jahrzehnten stellen sie durch ihre Verkündigung ein wesentliches Element der Kontinuität dar. Am Ende des ersten Jahrhunderts geraten sie dann in Konkurrenz zu den sich langsam etablierenden Gemeindeämtern der Episkopen und Diakone, später verliert sich ihre Spur ganz.

Es ist wichtig festzuhalten, dass die Freiheit der Kirche zu allen Zeiten groß genug gewesen ist, „Dienste und Ämter je nach den sich wandelnden Bedürfnissen hervorzubringen, umzugestalten, anders zu interpretieren, zu korrigieren, untergehen zu lassen und neu zu begründen"[19]. Entscheidend bleibt dabei die Kontinuität mit dem Ursprung, weil die Kirche „sich selbst bleibend von eben diesem Ursprung her versteht und daraus in jeder geschichtlichen Stunde neu ihre eigene Identität gewinnt."[20] Erst mit zeitlich wachsendem Abstand zum Ursprung nimmt das Bewusstsein dafür zu, dass eine gemeinsame christliche Identität beständige Strukturen und Absprachen über lokal geprägte Verfassungsformen hinaus braucht. „Die Kirche der zweiten und dritten Generation erkennt die Aufgabe, dauerhafte Gemeindestrukturen zu schaffen. Sie erweist sich als eine Zeit des Übergangs, in der die lokale Eigengestaltung der Struktur noch das Feld beherrscht, aber sich eine Gesamttendenz in Richtung auf ein der Gemeinde gegenüberstehendes Amt abzeichnet."[21]

2.2.1 Presbyterale Gemeindeverfassung

Natürlich hat die junge Kirche die schon existierenden Strukturen und Ämter ihrer Umwelt nicht einfach kopiert. Gleichzeitig erwuchsen die neuen Ämter aus den Organisationsformen, die schon vorgefunden wurden. Für die Ämterentwicklung insgesamt von besonderer Bedeutung ist die im jüdischen Bereich bewährte Institution eines Ältestengremiums. Seinen Ursprung hat das Ältestenkollegium im jüdisch-synagogalen Bereich, in dem sich feste Formen gemeinschaftlicher Lebensgestaltung entwickelt haben. Reife, Ansehen und Bewährung im Leben qualifizieren für das Ehrenamt in diesem Gremium, das überwiegend repräsentative Aufgaben hat. In judenchristlichen Gemeinden Palästinas (Apg 14,23; Jak 5,14) dürfte die Gemeindeleitung nach der Ältestenverfassung konzipiert gewesen sein. Auch Jakobus, der zunächst zusammen mit Petrus und Johannes als eine der Säulen in der Jerusalemer Gemeinde gewirkt hat und nur kurze Zeit später als alleinige Autorität der Urgemeinde genannt wird, ist beispielsweise umgeben von einem Kollegium von Ältesten

(Apg 11,30; 15,2.4.22f.; 21,18). Nach seinem Tod kommt diesem Gremium die Aufgabe zu, bestimmte Fragen im Leben der Gemeinde zu lösen. Die Urgemeinde hat diese Form kollegialer Leitung aus ihrem unmittelbaren Umfeld übernommen und somit ein Element der Kontinuität und Tradition bewahrt. Der Prozess der Verschmelzung mit der charismatisch-funktionalen Gemeindeordnung, die das Leben der paulinischen Gemeinden bestimmt, ist allerdings infolge des Mangels an Quellen nur schwer nachzuzeichnen.

2.2.2 Charismatisch-funktionale Gemeindeordnung bei Paulus

Noch einmal anders stellt sich die Situation in den paulinischen Gemeinden dar. Hier prägen vor allem Hausgemeinschaften das Bild. In den Briefen des Apostels ist die sich hausweise konstituierende Kirche schon eine feste Größe. Die Strukturen innerhalb der Hausgemeinschaft wie Gastgeberrolle des Hausbesitzers oder der Hausbesitzerin werden auch Einfluss auf den Vorsitz bei der Mahlversammlung und anderen gemeindlichen Aktivitäten gehabt haben. Ihr Einfluss auf die Ämterbildung darf also nicht unterschätzt werden, denn die Hausgemeinde ist Gründungszentrum und Baustein der Ortsgemeinde, Stützpunkt der Mission, Versammlungsstätte für das Herrenmahl, Raum des Gebetes, Ort der katechetischen Unterweisung und Ernstfall der christlichen Solidarität.[22] In den einzelnen Hausgemeinden nehmen wie in der Vollversammlung der Gemeinde das Herrenmahl und das Gebet den zentralen Raum ein. In konkreter Verlebendigung des Bildes vom „Leib Christi" zeichnet sich das Gesamtgefüge paulinischer Gemeindestrukturen also durch ein charismatisch orientiertes Zusammenspiel vielfältiger Funktionen aus.

Die Offenheit der Charismen für die Entwicklung person- und funktionsbezogener Dienste zeigt sich bei Paulus schon in der Charismenliste in 1 Kor 12,28, die durch die personbezogenen Dienste der Apostel, Propheten und Lehrer eröffnet wird. Daneben finden sich dann auch die Titel des Episkopen und Diakons in Phil 1,1, auf die noch näher eingegangen werden muss. An dieser Stelle ist wichtig festzuhalten, dass es im Frühstadium paulinischer Gemeindebildung fest institutionalisierte, personbezogene Ämter gegeben und der Apostel eine von Episkopen und Diakonen getragene Leitungsstruktur seiner Gemeinden gekannt hat. Daneben gibt es allerdings auch solche, die in ihrer rein funktionalen Formulierung verraten, dass die entsprechenden Aufgaben noch nicht an bestimmte Personen gebunden und damit institutionalisiert sind.

Im Zuge der Loslösung von den charismatischen Autoritäten des Anfangs – der Tod des Apostels muss in den paulinischen Gemeinden eine tiefe Verunsicherung nach sich gezogen haben – gewinnen dann ortsansässige Autoritäten der zweiten Generation an Bedeutung. Das überrascht nicht, denn die Kirche muss sich einrichten in der Welt, Fragen der Organisation und Beständigkeit bekommen im Prozess der Verstetigung größere Bedeutung.[23]

2.3 Episkopen und Diakone in der Gemeinde von Philippi

Unter allen neutestamentlichen Autoren verwendet Paulus das Wort *diakonia* (Dienst) am häufigsten. Ähnlich ist es mit dem Begriff Diener (*diakonos*), der sich in den paulinischen Briefen immer wieder findet.[24] Paulus kennzeichnet zunächst alle evangeliumsbezogenen Dienste mit dem Begriff der *diakonia*. So wie Christus in seiner Hingabe ganz Diener, *diakonos*, geworden ist, können die von ihm Beauftragten sich auch nur von seinem Dienst „für die Vielen" her verstehen. Die Existenz der Diener Christi ist wesentlich geprägt vom Bild des dienenden Christus. In diesem Sinn ist auch der Ruf des Apostels zur Nachahmung zu verstehen: „Werdet meine Nachahmer – so wie ich des Messias" (1 Kor 11,1). Das Bild des dienenden Daseins für den Anderen wird der Gemeinde und den amtlichen Diensten in ihr einem Grundmerkmal gleich eingeschrieben (vgl. Phil 3,17). Es ist wie ein Prägestempel, der der Gemeinde und allen Ämtern und Diensten in ihr zukommt. Ein konkretes Amt ist damit allerdings noch nicht beschrieben, es geht vielmehr um die alles bestimmende Grundhaltung. Nachahmung, Stellvertretung Christi geschieht im verantwortungsvollen, dienstbereiten Handeln für den Anderen. Daraus eröffnet sich ein Raum für „messianische Verantwortung, die sich ganz und gar für die Nähe Gottes und für die Nähe des anderen Menschen offen hält."[25]

Neben dem ganz allgemeinen Gebrauch des Wortes *diakonos* im Sinne des Dieners Christi für verschiedenste Dienste der Gemeinde spricht Paulus, der auch sich selbst häufig Diener (*diakonos*) nennt, in der Einleitung des Briefes an die Gemeinde von Philippi Episkopen (*episkopoi*) und Diakone (*diakonoi*) als Amtsträger an. Zum ersten Mal überhaupt findet sich damit im vermutlich um das Jahr 60 n. Chr. entstandenen Brief des Apostels ein spezifischer Sprachgebrauch für die beiden Begriffe. Aus dem allgemeinen Gebrauch der Worte sind an dieser Stelle recht unvermittelt Titel geworden. Ohne die Hintergründe für die Entstehung der Ämter in Philippi genau zu kennen, ist dies wohl nur so zu erklären, dass Personen für eine bestimmte Aufgabe, die sie in der Gemeinde verantwortlich wahrnehmen und die im Leben der Gemeinde nicht fehlen darf, eine amtliche Bezeichnung erhalten haben. Leider ist nicht eindeutig beschrieben, was für eine Funktion die Episkopen und Diakone übernehmen, für welche Tätigkeit sie den entsprechenden Titel bekommen.[26] Aus der allgemeinen Bedeutung der Worte lässt sich nämlich nicht ohne weiteres die Funktion erschließen. Wenn auch davon ausgegangen werden kann, dass die Begriffe zunächst in ihrer allgemeinen Grundbedeutung übernommen worden sind, so sind sie doch auch mit neuen, christlichen Inhalten gefüllt worden.[27]

Auffällig ist in Phil 1,1, dass beide Ämter im Plural genannt werden. Innerhalb der Gemeinde gibt es also eine Mehrzahl von

Episkopen und Diakonen. Da die Paarkonstellation auch in 1 Tim 3,1–13, Did 15,1 und 1 Klem 42,4.5 genannt wird, kann sie kein Zufall sein. Verschiedentlich ist als Erklärung der Konstellation schon an ein Gremium bzw. Kollegium von Episkopen und Diakonen gedacht worden. Ohne diese Vermutung eindeutig belegen zu können, ist in jedem Fall sicher, dass ein wesentlicher Baustein der jeweiligen Ortsgemeinde die Hausgemeinschaften sind, in denen sich die Gemeinde zunächst sammelt. Gebet, Glaubensunterweisung, Feier des Herrenmahls und praktisch gelebte Solidarität haben hier ihren Ort. Hier werden auch die Diakone und Episkopen ihre Aufgabe gefunden haben. Um dem jeweiligen Profil näher auf die Spur zu kommen, ist noch einmal der vermutliche Entstehungsprozess der Ämter in den Blick zu nehmen.

Mit zeitlich zunehmendem Abstand zum Ursprung werden die Fixierung der apostolischen Tradition in der Schrift als auch der Aufbau und die Stärkung innergemeindlicher Autoritäten immer bedeutender. In diesem Kontext ist die Nennung der Diakone und Bischöfe in Phil 1,1 von großer Bedeutung. Paulus wird den beiden Ämtern entscheidende Bedeutung für den Gemeindeaufbau zugesprochen haben: Wenn es schon zu neuen, fest in der Gemeinde verankerten Ämtern kommt, dann ist nämlich auszugehen von bestimmten Funktionen, die unverzichtbar sind für das Leben der Gemeinde und die deshalb an bestimmte Personen dauerhaft gebunden werden. Sind diese beiden Momente gegeben, dann wird aus einem charismatisch strukturierten Dienst ein Amt: Wesentliche Funktionen und Dienste werden nach geregelten Verfahren auf Dauer an bewährte Personen übergeben, die zu Ämtern gewordenen Funktionen erhalten einen Titel und frei gewordene Ämter werden mit für die Aufgabe qualifizierten Personen neu besetzt.[28] Allein eine dem Aufbau der Gemeinde dienende Funktion wird „amtlich" an eine Person gebunden. Die funktional bestimmte Autorität wird dann mit Vollmacht ausgestattet. Das Amt *ist* also nicht Vollmacht, wohl *hat* es Vollmacht, um seinen Dienstauftrag erfüllen zu können.[29]

Für die Diakone in der Gemeinde von Philippi ist also ebenso wie für die Episkopen davon auszugehen, dass eine für die Gemeinde unverzichtbare und damit wesentliche Funktion für das Leben und Fortbestehen der Ortskirche an dieses Amt gebunden worden ist. Man kann in Philippi also weder auf die Diakone und deren Aufgabe noch auf die Episkopen und deren Funktion verzichten. Wäre die an das Amt des Diakons gebundene Tätigkeit beliebig oder verzichtbar, so wäre das Amt des Diakons in einer Zeit, in der die Ausbildung der Ämter noch mitten in der Entwicklung begriffen ist, ebenso schnell vom Strom der Geschichte wieder fortgespült worden wie andere Dienste und Ämter, denen in ihrer Bedeutung für die Identität der Gemeinde als Nachfolgegemeinschaft Jesu Christi im Laufe der Zeit wenig Relevanz zugesprochen worden ist.

Um die Ämter in Philippi richtig einordnen und ihrer Funktion auf die Spur kommen zu können, muss noch einmal an die charismatisch orientierte paulinische Gemeindestruktur erinnert werden. Steht die Bedeutung der Charismen nicht einer Etablierung fest umrissener, an Personen gebundener Ämter entgegen?

Seine hausgemeinschaftlich organisierte Gemeinde versteht Paulus als Versammlung um den Tisch des Herrn. Die Glieder der örtlichen Versammlung werden durch die Teilhabe an der Gabe, die der „für die Vielen" sich dahin gebende Herr selbst ist, zu einem Leib, zu einer Gemeinschaft zusammengeführt. Der Empfang des Leibes Christi formt die Gemeinde selbst zum Leib Christi: „Ein Brot ist es. Darum sind wir viele ein Leib; denn wir alle haben teil an dem einen Brot" (1 Kor 10,17). Um zu einem lebenden Organismus im beschriebenen Sinn zu werden, braucht es ein lebendiges Ineinanderspiel der verschiedenen Funktionen und Dienste, durch das der Organismus zur Kirche vor Ort wird. Die von jedem Einzelnen in je unterschiedlicher Weise zum Nutzen der Gemeinde geschenkte Gabe wird zum Charisma, sofern sie erkennbar im Dienst des Aufbaus der Gemeinde steht (vgl. 1 Kor 12,28). Die Charismenlisten zeigen vor allem die Fülle und Unterschiedlichkeit der von Gott in der Gemeinde verteilten Gaben. In den Anfängen finden sich Aufgaben und Funktionen, „die (noch) keinen eindeutig identifizierbaren Trägern zugeschrieben oder gar übertragen sind bzw. auf die sich (noch) keine Träger spezialisiert haben müssen"[30]. Die Aufgaben werden zunächst allen zugetraut, die Struktur und Ordnung seiner charismatischen Gemeindekonzeption ist ein vom Geist inspiriertes Geschehen.

Paulus hat also zunächst jeden Einzelnen und dessen Berufung im Blick, gleichzeitig gilt sein Interesse der „in der Gabe gründenden und ihr gegenüber zu verantwortenden ... Aufgabe oder nützlichen Funktion."[31] Ein Gegenüber von Charisma und Amt lässt sich daraus nicht konstruieren. Für Paulus gibt es keine der Erbauung der Kirche dienende Funktion, die nicht auch Manifestation, Gabe und Wirkung des Geistes ist.[32] Es geht ihm um ein ausgewogenes Zusammenwirken der christologischen und pneumatologischen Dimension der Kirche und ihrer Ämter, die sich niederschlägt als Einheit in Vielfalt und als Vielfalt in Einheit.[33] Darin liegt auch die Sinnspitze der Rede vom Leib, der als lebendiger Organismus eine funktionale Einheit darstellt, an der sich auch die amtlichen Strukturen ausrichten müssen. Es sind also weniger die Personen und ihr Status entscheidend; die konkrete Tätigkeit, die spezifische Funktion macht das Amt. Dementsprechend greift Paulus ordnend und korrigierend in das Gemeindegeschehen ein, er strukturiert und gewichtet die die Gesamtheit der Charismen nach ihrem Nutzen zum Aufbau der Gemeinde. Der Gemeindeaufbau ist das Kriterium, das eine Bewertung und Unterscheidung der Funktionen und Dienste erlaubt. Es gibt für Paulus folglich Gaben in der Gemeinde, die das Leben zwar bereichern, aber nicht unerlässlich sind; andere Gaben und Aufgaben wiederum sind für die Identität der Kirche unaufgebbar, unverzichtbar. Sie dürfen nicht dem freien Spiel der Charismen überlassen bleiben und dann unter Umständen unterbleiben.

Paulus verbindet mit der Voranstellung einzelner für die Gemeinde unerlässlicher Aufgaben die Ermahnung an die jeweiligen Charismenträger, sich ihrer Befähigung gemäß einzusetzen und der einmal übernommenen Aufgabe auch treu zu bleiben (vgl. Röm 12,7f.). Auch wenn eine dauerhaft übertragene Funktion noch nicht einem Amt mit fest umschriebenen Rechten und Pflichten entspricht, so ergibt sich daraus im Rahmen eines funktionalen Differenzierungsprozesses doch ein „Moment der *Stetigkeit und Verlässlichkeit.* Die Charismen drängen auf Beständigkeit. Darauf kommt es an, daß Menschen nicht nur gelegentlich und zufällig ihre Befähigung in den Dienst der Gemeinde stellen, sondern daß sie dies auf Dauer tun, so daß sie darauf ansprechbar sind."[34] Diese auf Dauer an feste Träger gebundenen Funktionen und Dienste, die der Gemeinde helfen, ihrem Ursprung treu zu bleiben und ihre Identität zu sichern, neigen zu amtlicher Fixierung und Erstarrung. Gewicht des Charismas, Interesse der Gemeinde an dieser Funktion und Autorität des Trägers sind dabei die Momente, die sich wechselseitig entsprechen und bedingen.

An dieser Stelle kommen die im Philipperbrief erwähnten Episkopen und Diakone wieder ins Spiel. Beide Ämter haben sich den Bedürfnissen und Notwendigkeiten der Gemeinde entsprechend entwickelt. In Rückbindung an Jesu Sendung sind sie natürlich geprägt und durchwirkt von der *diakonia,* der dienenden Grundhaltung. Das allein reicht aber noch nicht, ein Amt zu identifizieren. Im *diakonia*-Motiv korrelieren nämlich ein personaler und ein funktionaler Aspekt, insofern nur die Aufgabe, die dem Aufbau der Gemeinde dient, sich zu einer amtlich wahrgenommenen Funktion verfestigt und überdies die Person sich in ihrer Amtsführung ganz und gar von der *diakonia* geformt weiß. Entscheidend ist also, dass die Episkopen und Diakone in Dienst gestellt werden für eine in der Gemeinde unerlässliche Aufgabe; eine wesentliche Funktion wird auf Dauer auf diese Personen übertragen. „Die Aufgabe macht das Amt und macht es unverzichtbar für die Gemeinde, zu der es in strenger Relation steht."[35] Welche Aufgaben aber sind unverzichtbar?

Paulus selbst erinnert im Brief an die Korinther die Gemeinde in radikaler Weise daran, was sie zum Gedächtnis Jesu Christi tun soll (1 Kor 11,17–34). Die wahre Feier des Herrenmahls ist für die Identität der Gemeinde von so elementarer Bedeutung, dass die Funktionen der in Philippi etablierten Ämter der Episkopen und Diakone in diesem Umfeld zu suchen sein werden. Paulus selbst schildert die Verhältnisse in Korinth eindrücklich und in unmissverständlicher Klarheit.

2.3.1 Das wäre ein echtes Herrenmahl

In Korinth ist es offensichtlich zu Missständen bei der Feier des Herrenmahls gekommen. Die für das Herrenmahl charakteristische spannungsvolle Einheit von Sättigungsmahl und eucharistischer Doppelhandlung über Brot und Wein droht zu zerbrechen. Und da es sich um keine Nebensächlichkeit handelt, geht Paulus in 1 Kor 11,17–34 mit aller Entschiedenheit darauf ein. Er sorgt sich zutiefst um das Selbstverständnis der Gemeinde als Volk Gottes vom Leib Christi her.[36]

Ursprünglich ist die gesamte Ortsgemeinde von Korinth, die durch enorme soziale Unterschiede geprägt ist, zu einem gemeinsamen Mahl zusammen gekommen.[37] Nun gibt es besorgniserregende Tendenzen zu Spaltungen und Gruppenbildungen. Die Gemeinde droht zu zerreißen. Soziale Gegensätze geben dabei den Nährboden für den Konflikt her und gefährden den unmittelbaren Zusammenhang von sakramental-eucharistischer und lebensgeschichtlicher Wirklichkeit. Die wohlhabenden und begüterten Gemeindemitglieder kommen nämlich rechtzeitig zum Gemeinschaftsmahl und verzehren die auch für die Armen und Sklaven mitgebrachten Speisen und Getränke, bevor diese am Mahl teilnehmen können. Sie müssen nämlich noch ihren

Lebensunterhalt verdienen oder im Haus ihres Herrn Dienst tun. Die sozial Schwachen, die beim Gemeinschaftsmahl von den Gaben der Reichen profitieren, drohen also leer auszugehen. Die Begüterten, die sicher nicht nur Freude beim Zusammentreffen mit den Armen empfunden haben, bringen zu ihrer Rechtfertigung ein, dass das für die sakramentale Mahlzeit Notwendige übrig bleibe. In religiöser Hinsicht bekämen die Armen also das, was ihnen zustehe. Paulus kritisiert die so veränderte Praxis schonungslos: „Was ihr bei euren Zusammenkünften tut, ist keine Feier des Herrenmahls mehr" (1 Kor 11,20). Für den Apostel ist das Herrenmahl durch das soziale Fehlverhalten in seinem Wesenskern berührt und gefährdet. Denn „wie kann man lobpreisend der großen Taten Gottes für die Menschen gedenken, wenn man gleichzeitig Menschen in der Gemeinde ungesättigt und hungrig läßt? Wo das geschieht, vergeht sich die Gemeinde an der Gabe des Herrn; sie ,ißt und trinkt sich selbst zum Gericht' (1.Kor 11,29)."[38] In einem echten Herrenmahl erweist sich in der Verteilung der Güter Jesus selbst als der Mahlherr und Gastgeber. Es geht beim Sättigungsmahl also nicht um einen Almosenempfang der Armen. Vielmehr nehmen alle ohne Unterschied die Gaben aus der Hand des auferstandenen Herrn entgegen. Soziale Schranken dürfen die spannungsvolle Einheit von Sättigungsmahl und eucharistischem Geschehen deshalb auch nicht zerstören.

Paulus korrigiert das Gruppen ausgrenzende und diskriminierende Fehlverhalten der Korinther christologisch. Er ruft die tradierte Abendmahlsüberlieferung in Erinnerung und mahnt die Gemeinde sich an das zu halten, was sie zu Jesu Gedächtnis tun soll. Konsequent hebt der Apostel die Heil stiftende Dimension des Geschehens hervor: „Das ist mein Leib für euch" (1 Kor 11,24b), „dieser Kelch ist der Neue Bund in meinem Blut" (1 Kor 11,25b). Der Einspruch gegen die Art der Herrenmahlsfeier, den Paulus erhebt, ist also gesteuert von der Abendmahlsüberlieferung, in der sich das Lebensprogramm Jesu sprachlich kristallisiert. „Es geht Paulus gerade nicht darum, ob die Korinther an das Ursprungsprofil ‚glauben‘, sondern ob sie das ‚Hingabe-Modell‘ Jesu, das in seinem Tod am Kreuz kulminiert, in ihren Reihen in soziale Realität umzusetzen versuchen.“[39] Jesu Selbsthingabe wird nämlich im unsozialen Verhalten verkannt, im Grunde pervertiert. Der Bund berührt eben nicht nur das Verhältnis der Menschen zu Gott, er bezieht sich auch auf das Verhältnis der Menschen zueinander. Das Geschehen verschließt sich somit einer sakralisierten Sicht genauso wie einer individualisierten. „Wer also unwürdig von dem Brot isst und aus dem Kelch des Herrn trinkt, macht sich schuldig am Leib und am Blut des Herrn" (1 Kor 11,27). Die rechte Feier des Herrenmahls bewährt sich in Treue zur *diakonia* Jesu Christi in der Verbindung von gottesdienstlich-sakramentalem und gesellschaftlich-sozialem Geschehen.

Dieser den Identitätskern der Gemeinde berührende Zusammenhang hat sicher Einfluss auf die Gestaltung ortsansässiger Ämter und Dienste genommen. Es spricht Vieles dafür, dass auch die Episkopen und Diakone, die Paulus in seinem Brief an die Philipper erstmalig erwähnt, in ihrer Funktion eng an die rechte Feier des Herrenmahls gebunden sind. Auch die Nennung im Plural und die auffällige Paarbildung der beiden Ämter lassen sich stimmig aus dem Zusammenspiel von Herrenmahl und Gemeindebildung erschließen. In der spannungsvollen Einheit von eucharistischer Gedächtnisfeier und sozialdiakonischem Handeln, von kultisch-sakraler und sozialer Dimension ist das Herrenmahl das zentrale Ereignis im Leben der Gemeinde. Die Episkopen und Diakone könnten individuelle Verantwortungsträger in den jeweiligen Hausgemeinden sein und eng miteinander kooperiert haben. Und vielleicht hat man es mit den Leitern zu tun, die den Vorsitz beim eucharistischen Gottesdienst führen und für die Verteilung der gottesdienstlichen Gaben im Sinne konkreter Armenfürsorge verantwortlich sind. Geht man also vom paulinischen Verständnis der gottesdienstlichen Versammlung als der für die Sozialstruktur der Gemeinde bestimmenden Mitte aus, können die beiden Ämter als zentrale Organe örtlicher Kirchenleitung eingeordnet werden; den Diakonen dürfte sozialdiakonische Leitungsverantwortung zugekommen sein. Autorität und Bedeutsamkeit wächst ihnen durch den konkreten Dienst zu.

In den paulinischen Gemeinden hat sich also schon früh eine Episkopen- und Diakonenverfassung etabliert. Sie könnte auch dem Evangelisten Lukas bei seiner Stilisierung der ‚hellenistischen Sieben' zu Beauftragten für die gemeindliche Armenfürsorge gedient haben. Die Wahl der Sieben wird jedenfalls in diesem Zusammenhang immer wieder ins Spiel gebracht und muss deshalb an dieser Stelle näher betrachtet werden.

2.4 Die Wahl der Sieben

Eine besondere Rolle in der Geschichte des Diakonats spielt ohne Zweifel der Bericht über die Wahl der Sieben in der Apostelgeschichte (Apg 6,1–6). Generationen von Theologen haben das theologische Verständnis des Diakonats von Apg 6,1–6 her entwickelt. Selbst in jüngsten Dokumenten werden die Sieben als die ersten Diakone bezeichnet.[40]

Irenäus ist im zweiten Jahrhundert der erste in der langen Reihe der Zeugen dieser Tradition: „Die Nikolaiten haben Nikolaus als ihren Lehrer, einen von den Sieben, die von den Aposteln als die ersten Diakone eingesetzt wurden (vgl. Apg 6,5f)." Und an anderer Stelle heißt es bei ihm: „Auch Stephanus, der von den Aposteln zum ersten Diakon gewählt war und als erster von allen Menschen den Spuren des Herrn im Martyrium gefolgt ist (vgl. 1 Petr 2,21) ...".[41] Hippolyt und Eusebius folgen ihm später.[42] Bei näherer Prüfung des Textmaterials wird deutlich, dass abschließend sicher nicht festgestellt werden kann, ob es sich um Diakone handelt oder nicht. Zu wenig ist über die genaue Aufgabe bekannt, zu schnell werden spätere Amtsvorstellungen in die frü-

he Zeit übertragen. Letztlich ist die Entscheidung aber auch unerheblich, denn die Textstelle in der Apostelgeschichte erweist
sich aufgrund anderer Hinweise als sehr bedeutsam und wertvoll
für unsere Fragestellung. Gehen wir ihnen im Einzelnen nach.
Die Mahlgemeinschaft ist in der Jerusalemer Gemeinde die
alle Lebensbereiche bestimmende und regulierende Mitte. In ihr
feiert die Gemeinde Tod und Auferstehung Jesu, sie erfährt die
Gemeinschaft mit dem Herrn. Die Lehre der Apostel steht ebenso im Mittelpunkt wie die Gemeinschaft untereinander. Brotbre-
chen und Gebet stiften Gemeinschaft und üben sie immer neu
ein (vgl. Apg 2,42). In der Feier des Herrenmahls erfährt die Gemeinde den unlösbaren Zusammenhang von Gottesdienst und
Alltagsleben, von kultischem Geschehen und profanen Lebens-
bezügen. Kurz: Solidarität untereinander erwächst aus der Mitte
der Mahlfeier, aus ihr kommt es zu einem materiellen Ausgleich
zwischen den wohlhabenden und den verarmten und mittellosen
Gliedern der Gemeinde, konkrete Nöte kommen hier zur Sprache und werden durch Umverteilung von Lebensmitteln wie
Geldspenden gemeinsam angegangen.

Der Streit um die in Apg 6,1 geschilderte Witwenversorgung
zeigt deutlich die Verantwortungsbereitschaft der Gemeinde für
Bedürftige: die Witwen der Hellenisten werden beim täglichen
Dienst übersehen. Das ist fatal, denn sie finden auch in der Armenfürsorge der Synagogengemeinde keine Berücksichtigung
mehr und verlieren unter Umständen die Einbindung in ihren
jüdischen Familienclan. Diese Praxis macht den Hintergrund
aus für den Konflikt zwischen den Hellenisten, griechisch sprechenden Judenchristen, die größtenteils aus der Diaspora in die
Stadt gekommen sind, und den Hebräern, die zur aramäisch
sprechenden Bevölkerungsschicht in Jerusalem gehören (vgl.
Apg 6,1). Damit ist der Ausgangspunkt der wohl gewichtigsten
Krise in der Anfangsgeschichte der Kirche beschrieben; sie resultiert aus dem Versagen der sozialdiakonischen Komponente der
christlichen Mahlgemeinschaft.

Bis zur Beschwerde lag die Praxis der von der Mahlfeier ausgehenden Fürsorgegemeinschaft in den Händen der Hebräer, also der aramäisch sprechenden Bevölkerungsmehrheit in Jerusalem. Vermutlich haben die Zwölf den Dienst an Tischen ebenso versehen wie den Dienst am Wort und geraten nun aufgrund eigener Überlastung in Konflikt mit den Hellenisten. Die Zwölf wollen Gebet und Verkündigung nicht vernachlässigen und suchen nach einer Lösung, dem wachsenden Bedarf nach täglicher Sozialdiakonie gerecht zu werden. Es besteht also ganz konkreter Handlungsbedarf. Für die Apostel haben beide Aufgaben einen so hohen Stellenwert, dass sie die eine nicht gegen die andere ausspielen wollen. Der Dienst des Wortes und der Dienst an den Tischen – also gelebte Solidarität in sozialdiakonischen Handlungen – sind so wesentlich für das Leben und die Identität der Gemeinde, dass die Sieben für die Aufgabe der Sozialdiakonie in Dienst genommen werden. Sie werden somit bestellt für das, was hier in der Gemeinde gebraucht wird (Apg 6,3b). Die zukünftig entscheidenden Elemente einer Ordination sind auch hier schon deutlich erkennbar: Wahl und Bestellung durch die Gemeinde (*praesentatio*), Handauflegung und Gebet (*ordinatio*) und Anerkennung (*acclamatio*) bilden eine Einheit und sind konstitutiv für das Geschehen.[43] Die Sieben werden *in* einer Gemeinde und *für* eine Gemeinde in Dienst genommen und nicht lediglich *von* einer Gemeinde und *durch* eine Gemeinde. Aus der Krise der Armenversorgung hat sich also zugleich eine Stabilisierung des Dienstes am Wort ergeben. Und es hat sich ein neuer Dienst konstituiert, weil eine konkrete Aufgabe um ihrer Bedeutung für die Identität der Gemeinde willen nicht vernachlässigt werden darf und deshalb an Personen gebunden wird. Sie stehen für die Umsetzung ein; ob sie Diakone sind oder lediglich einen Dienst versehen, der auch zukünftig in den Händen von Diakonen liegt, ist letztlich unerheblich. Entscheidend ist, dass aus dem einmaligen apostolischen Dienst differenzierte Ämter erwachsen, die der Grundnorm des Dienens entsprechen und die

„sich als die der jeweiligen geschichtlichen Situation angemessenen Werkzeuge des Geistes zur Leitung der Kirche erweisen."[44] Die *diakonia* des Wortes und die *diakonia* an den Tischen sind beide wesentlich für das Leben und die Identität der Gemeinde und dulden deshalb keine Vernachlässigung.

Ein Weiteres ist wichtig. In der Mahlgemeinschaft finden Lehre und konkret-leibliche Hilfe ihre Verbindung, das Eine ist so wesentlich wie das Andere. Es kann also überhaupt nicht eine Vorrangstellung des Dienstes am Wort vor dem Dienst an den Tischen aus Apg 6,1–6 abgelesen werden. Die Annahme einer Nachrangigkeit einer der beiden Aufgaben verbietet sich allein schon wegen der parallel formulierten Formulierung: *diakonia* des Wortes und *diakonia* an den Tischen. Die Beschreibung der sieben Männer ist ein weiteres Indiz dafür, dass ihnen eine bedeutsame Aufgabe übertragen worden ist. Gewählt werden nicht sieben zweifelhafte Männer, voll Gleichgültigkeit und Einfalt, sondern Menschen voll Geist und mit gutem Ruf. Für anspruchsvolle Aufgaben braucht man gutes Personal.

Für die Geschichte der Ämter und spätere amtstheologische Differenzierungen ist festzuhalten, dass die Wahl der Sieben nicht eindeutig als Bestellung der ersten Diakone bestätigt oder verworfen werden kann. Entscheidend ist der Zusammenhang von Bedarf der Gemeinde, Form der Bestellung und Bedeutsamkeit der Aufgabe. Die Gemeinde begegnet im intensiven Hören auf Gott der neuen Situation und bittet um die Stärkung der neu in Dienst Gestellten mit der Gabe Gottes. Die Indienstnahme für lebenswichtige Vollzüge der Kirche geschieht in organischer Verbindung von Wirken des Geistes, von Anruf durch Jesus Christus und dem Erwachsen aus der Gemeinde. Das Ordnen, das Schaffen von Strukturen geschieht im Nachhinein, ist ein Nachfahren gegenüber dem, was Gott schon vorgezeichnet hat. Nicht weil einer zum Propheten oder Diakon gewählt ist, darf er eine bestimmte Funktion ausüben. Ihm wird vielmehr umgekehrt, weil Gott ihm diese Funktion geschenkt hat, durch die

Ordnung die Möglichkeit gegeben, sie auszuüben.[45] Und dabei entspricht der Bedeutung der Funktion der Vorgang der Indienstnahme; sie geschieht in Form einer durch Gottes Geist gewirkten und geweckten Zurüstung.

2.5 Das Zwillingsamt in den Pastoralbriefen

In den an der Wende vom ersten zum zweiten Jahrhundert entstandenen Pastoralbriefen findet sich neben dem Amt des *episkopos* (1 Tim 3,2; Tit 1,7) und des *diakonos* (1 Tim 3,8ff) auch das Presbyteramt (1 Tim 5,1.17.19; Tit 1,5).[46] Der Verfasser will vermutlich im Zuge der Verschmelzung von jüdisch, ehrenamtlich-repräsentativ geprägter Presbyteralverfassung mit der charismatisch-funktional orientierten episkopal-diakonalen Gemeindeordnung die vorhandenen Ämter und Dienste zu einer Einheit verbinden und sie durch eine integrierende Neuauslegung für die Anforderungen der kirchlichen Situation umgestalten. Allerdings vermeidet es der Verfasser, von den drei Ämtern gleichzeitig zu sprechen. In Paarbildung tauchen auch hier wieder das Amt des Bischofs und des Diakons auf. Sie werden in Form einer Berufspflichtenlehre vorgestellt.

Aufgrund stetig wachsender Gemeinden haben die Hausgemeinschaften mittlerweile an Bedeutung verloren. Zugleich ist die Einsicht gewachsen, dass gerade die Welt der Ort ist, wo christliche Gemeinden sich zu bewähren haben. War bei Paulus noch eine deutlichere Distanz spürbar, wird nun in Auseinandersetzung mit der Umwelt die konkrete Gestalt und Ordnung der Kirche zum bestimmenden Thema. In diesem Kontext gewinnt das Bild vom „Haus Gottes" für das kirchliche Selbstverständnis prägende Kraft. Die Gemeinde entlehnt ihre Strukturen dem Modell einer Hausgemeinschaft. Die Autorität und Funktion des Hausvaters wird für den Amtsträger in der Gemeinde zum Orientierungspunkt des eigenen Selbstverständnisses. Der in paulinischer Tradition entwickelte Gleichheitsgedanke aller wird dagegen durch die Übertragung der hausväterlich-patriarchalen Ordnungsstruktur auf das gemeindliche Leben zunehmend verdrängt; stattdessen konzentrieren sich nun Leitungs- und Lehrkompetenz in amtlicher Hand.

Das konkrete Zusammenspiel und Verhältnis der Ämter zueinander bleibt in den Pastoralbriefen allerdings überaus blass. Die Briefe zeigen eine auffällige Diskrepanz zwischen dem nachdrücklichen Interesse, sich der Kirchenordnung und den gemeindeleitenden Ämtern zuzuwenden und der unpräzisen bis widersprüchlichen Art, Konkretes über Funktion und Zuordnung der Ämter zu sagen. Besonders das Verhältnis von episkopalem und presbyteralem Amt bleibt diffus.[47] Erkennbar ist allerdings, dass es dem Verfasser um die Verbindung der jüdisch, ehrenamtlich-repräsentativ geprägten Ältestenverfassung mit der charismatisch-funktional orientierten episkopal-diakonalen Gemeindestruktur geht. Um der Festigung und Vereinheitlichung der Ortsgemeinde willen favorisiert er das Episkopenamt und bindet die Lehrautorität an die Gemeindeleitung. Als probates Mittel gegen die sich einschleichenden Häresien versucht der Verfasser in der Gemeinde ein Leitungsamt zu profilieren, das sich weder auf kultische noch auf ökonomische Aufgaben begrenzen lässt; seine eigentliche Aufgabe besteht darin, die vom Apostel überkommene Lehre zu sichern. Damit wird die freie charismatische Lehre weiter zurückgedrängt und die Stellung des Amtsträgers in der Gemeinde erwächst eher aus dem institutionalisierten Auftrag als dem charismatischen Dienst. Erhalten bleibt aber der dem Charisma verpflichtete paulinische Ansatz, wonach ein Amt von einem bestimmten Auftrag her definiert wird und demgemäß entsprechende Gaben und Fähigkeiten voraussetzt.

Die amtliche Autorität wird nun in der Ordination vermittelt und nicht mehr allein öffentlich anerkannt und bestätigt. Zentrales Moment der Ordinationshandlung ist die öffentliche Übertragung des Amtsauftrages, der zum Dienst in und an der Gemeinde befähigt und verpflichtet.

Ein Blick auf die im Amtsspiegel genannten Fähigkeiten zeigt, dass sowohl dem Bischof als auch dem Diakon keine außergewöhnlichen oder besonderen pneumatischen Gaben abverlangt werden. Auffälliger ist, dass die Ämter des Episkopen, der nun im Singular auftaucht, und der Diakone wie in Phil 1,1 zusammen genannt sind. In den paulinischen Gemeinden in Griechenland und Asien scheint die episkopal-diakonale Leitungsstruktur der Gemeinden zu einer festen Größe geworden zu sein, ohne dass klar umrissen wird, was die beiden Ämter für eine Funktion haben. Aus den sehr allgemein gehaltenen Pflichtenlehren, die auf vorformuliertes Material zurückgreifen, lässt sich jedenfalls keine eindeutige Aufgabe ableiten. Die Befähigungen für den Diakon und den Episkopen (1 Tim 3,1–13) sind weit weniger geistlich geprägt und amtlich orientiert, als dies zu erwarten wäre. Eher allgemein ethische Qualifikationen werden als Bewährung und Eignung für den Dienst herangezogen. Und so könnten die Anforderungen auf fast jeden Träger eines öffentlichen Amtes übertragen werden. Man könnte sich sogar über die weitgehende Allgemeinheit und über den niedrigen Anspruch wundern, der von Verantwortlichen der Kirche verlangt wird. Schließlich wird nicht viel mehr als ein Minimum rechtschaffenen Verhaltens und bürgerlicher Pflichterfüllung erwartet, was durchaus jedem Menschen gut zu Gesicht stünde. Da die Pflichtenlehren allerdings eingerahmt werden von allgemeinen gottesdienstlichen Verhaltensregeln und auf einen gottesdienstlichen Hymnus zulaufen, kann angenommen werden, dass die beiden Ämter im Gottesdienst der Gemeinde eine besondere Aufgabe übernehmen.[48] Der *episkopos* ist im Zuge des gemeindlichen Wachstumsprozesses vermutlich Leiter der Ortsgemeinde geworden. Die Diakone könnten ihre Funktion in der Feier des Herrenmahls und im Feld sozialdiakonischer Belange der Gemeinde behalten haben; aus diesem Kontext käme ihnen Autorität und Verantwortung für das Leben der Gemeinde in Treue zum Evangelium zu. Mehr ist über das Zusammenspiel der beiden Ämter und ihrer Aufgaben aus den Pastoralbriefen nicht abzulesen.

So ist am Ende festzuhalten, dass die Pastoralbriefe ein beredtes Zeugnis für die erstaunliche Anpassungsmentalität der Kirche und ihrer Ämter an gesellschaftlich, geschichtlich wie theologisch bedingte Herausforderungen sind. In dieser Zeit konkretisiert sich dies in einer gewissen Hierarchisierungstendenz der Ämter gegenüber der Gemeinde mit einer starken hausväterlich geprägten Leitung in der Hand des *episkopos*. So gesehen lassen sich die Past als Aufforderung lesen, mit der Geschichtlichkeit des Amtes und kirchlicher Strukturen Ernst zu machen. Im Übrigen darf die Tatsache, dass die Titel des dreigliedrigen apostolischen Amtes mit Episkopat, Presbyterat und Diakonat über Jahrhunderte hinweg unverändert geblieben sind, nicht dazu führen, die unendlich vielfältige und komplexe Geschichte des sakramentalen Amtes außer Acht lassen. Damit stehen wir aber schon an der Tür zur Blütezeit und zum späteren Verfall des Diakonats.

3. Die Wahrheit des Amtes ist geschichtlich

Ebenso wie bei den neutestamentlichen Schriften und Texten, die etwas über die Ämter in der Kirche aussagen, ist auch bei den vielen Zeugnissen der Tradition eine scheinbar eindeutige Auslegung der Texte und eine daraus gefolgerte Gestaltung der Ämter nicht leicht zu bewerkstelligen. Die Aussagekraft der einzelnen Dokumente über eine stimmige Zuordnung der Ämter, über eine Funktionsbeschreibung des Diakonats ist wohl geringer als vielfach erhofft; schon vor mehr als hundert Jahren führte das zu folgender berechtigter Einschätzung: Die frühen Quellen und Zeugnisse der Tradition „gleichen einem Kaleidoskop, das man so und anders schütteln kann"[49]. Liegen also in den Dokumenten lediglich verschiedene Ausformungen des Amtes wie Momentaufnahmen einer geschichtlichen Situation vor, die jeweils nur punktuelle Einblicke erlauben? Gibt es nicht doch einen Wesenskern des Amtes, der unveränderlich ist und stets gewahrt bleiben will? Lässt sich ein theologisches Wesen des Diakonats von situationsbedingten Konkretionen scheiden? Haben die Apostel nicht ihren Nachfolgern Anteil gegeben an ihrer eigenen Sendung und hat sich die innere Abstufung des Amtes in Presbyterat und Diakonat nicht aus der Initiative der Apostel ergeben? Es ist die Frage nach der Wahrheit des Amtes, die in den vielen Einzelfragen auftaucht und zu allen Zeiten intensiv diskutiert worden ist.

3.1 Göttlichrechtliche oder soziologische Amtsbegründung?

Die Frage nach einem unveränderlichen Wesenskern, der unveräußerlichen Substanz des kirchlichen Amtes wird traditionellerweise im Zusammenhang mit der Bedeutung des göttlichen Rechts (*ius divinum*) diskutiert. Verbunden ist damit dann auch eine Verhältnisbestimmung von Tradition und Wahrheit. Gibt es eine unveränderliche Wahrheit des Amtes, die in der Tradition der Kirche sichtbar wird? Darauf muss an dieser Stelle eingegangen werden.

Zunächst kann man berechtigte Zweifel haben, „ob die Sachlage bezüglich des Amtes in der Kirche zur Zeit der Abfassung der neutestamentlichen Schriften tragfähig genug ist, um sie zum Kriterium für alle künftigen Epochen zu machen."[50] Angesichts der Vielfalt amtlicher Strukturen und Ordnungen, die uns die Texte vorstellen, verfestigt sich der Eindruck, dass das Neue Testament zeitlich betrachtet in einem Augenblick abbricht, da die Gestaltung der Ämter noch mitten im Fluss ist. Es fehlt an Eindeutigkeit und kein einzelner Text ist geeignet, den Entstehungsprozess des Amtes zu dokumentieren. Man kann also die einzelnen, spärlichen Aussagen nicht wie Perlen nacheinander auf die Schnur der Chronologie reihen. Ungleichzeitigkeiten der Gemeinden, soziologische wie geographische Differenzen, aber auch verschiedene theologische Vorgaben geben Anlass zur Vermutung, dass die Aussagen am ehesten wie einzelne Momentaufnahmen zu betrachten sind. Als solche haben sie natürlich Aussagekraft im Hinblick auf das Werden des kirchlichen Amtes.

Dieser Befund fordert die konsequente Beachtung des geschichtlich bedingten Entstehungscharakters der kirchlichen Ämter. Und da es sich beim kirchlichen Amt um ein soziales Phänomen, um eine Institution handelt, muss für die Wahrheit des Amtes auch die Logik institutioneller Vorgaben bedacht werden. Geht man aber von einem Institutionalisierungsprozess aus, innerhalb dessen sich das Amt in der jungen Kirche entwickelt hat, dann lässt sich sein Sinn nur aus dem Zusammenhang des geschichtlichen und soziologischen Umfeldes erschließen. Seine Funktion kann nur aus dem lebensweltlichen Kontext rekonstruiert werden. Die neutestamentliche Spurensuche wird demzufolge lediglich Kriterien eines legitimen Amtsverständnisses erschließen und mögliche Realisierungsformen. Die Suche nach einem der Zeit enthobenen Wesenskern des Amtes und seiner Struktur wird sozusagen an die Geschichte zurückverwiesen. Aus dem realen geschichtlichen Prozess lässt sich eben keine Eindeutigkeit gewinnen.

Ist das Amt damit der Beliebigkeit geschichtlicher Prozesse überantwortet? Gibt es nicht eine unveränderliche Wahrheit, unabänderliche Vorgaben für Gehalt und Gestalt des Amtes jenseits eines zeitbedingten Amtskleides? Könnte nicht die Dreigliedrigkeit des sakramentalen Amtes oder die hierarchische Stufung des Amtes kraft göttlicher Einsetzung die verbindliche Form über alle geschichtliche Bedingtheit hinaus sein? So könnte die sichtbare, hierarchisch strukturierte Kirchenverfassung die innere, unsichtbare Dimension der Kirche real sichtbar und gegenwärtig machen. Dem ist an dieser Stelle zunächst entgegen zu halten, dass wesentliche Etappen in der Entwicklung des Amtsbegriffs auf Krisen geantwortet haben. Die Wahrheit des kirchlichen Amtes in seiner Gestalt zeigt sich wohl kaum ein für allemal an einem bestimmten Punkt oder in einem konkreten Dokument der Geschichte. Man müsste sogar weiter gehen und sagen, dass die Wahrheit selbst als Geschichte vorliegt und sich je neu vor den Herausforderungen der Zeit bewähren muss. Wer von einem unabänderlichen, qua göttlicher Einsetzung (*ex divina institutione*) verbindlich vorgegebenen Wesenskern des Amtes spricht, muss sich über den neutestamentlichen Kontext hinaus grundsätzlich die Frage stellen: Wie und wo werden wir denn eines geschichtlicher Bedingtheit nicht unterworfenen Wesens der Kirche, einer bleibend verpflichteten „inneren Struktur" ansichtig, wo doch selbst das Neue Testament bereits eine Vielfalt kirchlichen und amtlichen Selbstverständnisses erkennen lässt?

Die sich hier eröffnende Diskussion um die Bedeutung des göttlichen Rechts (*ius divinum*) für die Begründung des kirchlichen Amtes soll nun nicht einseitig zugunsten einer soziologisch-funktionalen Begründung aufgelöst werden. Die Kirche kann in ihrer Sorge um Identität das Amt nicht nach beliebig veränderbaren Kriterien gestalten oder als variable Funktion der Überlieferung sogar ganz aufgeben. Vielmehr ist davon auszugehen, dass „die göttlichrechtliche Amtsbegründung im Ergebnis mit der soziologischen zusammenfällt"[51]. Damit ist nichts anderes gemeint, als dass das bleibende Gegründetsein der Kirche in der unüberbietbaren Offenbarung Gottes in Jesus Christus sich im bleibenden Dienst des amtlichen Zeugnisses in die Zeit hinein vermittelt. Ein in dieser Weise ausgelegtes *ius divinum* lässt die Alternative „Stiftung" des Amtes durch Christus oder „Errichtung" des Amtes durch die Kirche in sich zusammenfallen. Auch freie, zwischen Alternativen wählende Entscheidungen in der Zeit der Urkirche, wie sie in den unterschiedlichen Strukturen im Neuen Testament zum Ausdruck kommen, können durchaus den Charakter einer Offenbarung haben. Es sind Entscheidungen der Menschen und genau darin vollzieht sich der Offenbarungswille Gottes, der dieses Ereignis will und in und durch die von ihm gesetzte Freiheit des Menschen seine Eigentümlichkeit offenbart. Göttlicher Wille und kirchliche Entscheidung sind nicht gegeneinander auszuspielen, vielmehr ist das Verhältnis beider Größen relational bedingt.

In der jüngeren theologischen Diskussion wird denn auch mehr Zurückhaltung geübt in der Anwendung des Begriffes *ius divinum*, wenn um den Gehalt und die Gestalt des kirchlichen Amtes gerungen wird. So hat die traditionelle Theologie „in manchem sicher zu vorschnell gewisse Elemente, Vollzugsformen und Erscheinungsbilder dieses Amtes dem unwandelbaren Ursprungsbereich, d. h. dem ‚göttlichen Recht' (*ius divinum*) zugeordnet und es damit in manchen Momenten tabuisiert"[52]. Unter dem Eindruck historischer Forschung wird man sehr viel vorsichtiger mit der gottgesetzten Unverfügbarkeit über dieses Amt umgehen.

Hinsichtlich des Diakonats ist an dieser Stelle eine Entwicklung von besonderer Bedeutung. So ist die Vorgabe des Konzils von Trient, die hierarchische Stufung der Ämter sei durch göttliche Anordnung eingesetzt (*divina ordinatione instituta*), durch das Zweite Vatikanische Konzil korrigiert worden. Das Konzil spricht lediglich von der Einsetzung des kirchlichen Amtes durch Gott als solches, die verschiedenen Stufungen dagegen haben sich von alters her (*ab antiquo*) entwickelt.

3.2 Das Traditionsprinzip als Regel der Wahrheit

Welche Aussagekraft kommt nun den Zeugnissen der Tradition für die Wahrheit des Amtes zu, wer legt sie verbindlich aus und erschließt den in ihnen grundgelegten Wahrheitsgehalt? Wie ist es also um ein Bewahren der Tradition bestellt?

Schon die frühen Kirchenväter entwickelten als wichtigste Regel der Wahrheit das Traditionsprinzip, in dessen Dienst das Amt der Kirche steht. Die Verhältnisbestimmung von Schrift und Tradition als Quelle und Prinzip der Wahrheit ist allerdings nicht leicht. Als Kriterium einer sachgerechten Interpretation, eines Gespräches über die Deutung wichtiger Zeugnisse der Überlieferung bietet sich an, dass ein Bewahren der Tradition sich daran messen lassen muss, ob sie Gegenwart und Zukunft zu bewältigen in der Lage ist. Dann aber ist ihre Erneuerung die Bedingung ihrer Bewahrung. Damit ist aber die Autorität der Tradition an ihr geschichtlich-vielfältiges Verständnis zurückverwiesen, sie steht in enger Verbindung mit der Autorität der Wahrheit. Ein geschichtliches Traditionsverständnis, das kirchliche Erneuerung weder einseitig als schöpferische Vergegenwärtigung der Tradition noch als Lösung von ihr versteht, kann die Bedeutung der Tradition nur in Korrespondenz zur Frage nach der Wahrheit zu ermitteln suchen. Wahrheit aber will sich bewähren, muss sich im Leben je neu als sinnstiftend erweisen, sie ist also selbst an den Lauf der Zeit und der Geschichte zurückverwiesen. Wahrheit vermittelt sich, wo sich Bedeutung und Sinn erschließt; Wahrheit geschieht und öffnet die Geschichte auf die je größere Wahrheit hin.

Im Horizont der Geschichtlichkeit der Wahrheit nach der des kirchlichen Amtes zu fragen, bedeutet aber, dass dies eben nur geschichtlich zugänglich ist. Der Zugang zur Wahrheit des Amtes kann nur ein geschichtlicher sein. „Die Identität des Amtes ist seine geschichtliche Kontinuität und wird immer neu hervorgebracht nach der Logik von Tradition und Rezeption."[53] Kirche und amtliche Wahrheit stehen damit im breiten Strom von Zustimmung und Kritik, von Innovation und Bewahrung.

Gerade die Fülle der Traditionszeugnisse, die für eine Theologie des kirchlichen Amtes und darin des Diakonats, herangezogen werden kann, zeigt Spannungen und einen Variantenreichtum, der einer behutsamen Interpretation bedarf und Zurückhaltung anmahnt in dem Versuch, aus Schrift und Tradition unveränderliche Amtsstrukturen erschließen zu wollen. Durch das unmittelbar Tradierte muss immer wieder zum ursprünglich Gedachten geschritten und der Wahrheitsanspruch ermittelt werden. Als Kriterien zur Unterscheidung der vielfältigen Traditionszeugnisse lassen sich nennen: Primärer Maßstab aller Tradition ist Jesus Christus als Urtradition selbst. Der Geist bindet die Nachfolgegemeinschaft auf geistliche Weise an die Schrift. Er vergegenwärtigt die Botschaft Jesu Christi in einer den Zeichen der Zeit entsprechenden Weise. Die verschiedenen Geistgaben müssen der gegenseitigen Integration, Interpretation und Korrektur dienen. Demgemäß können einzelne Väterzeugnisse keine verbindliche Vorgabe sein. Das durchgängige Interesse ist in der Vielfalt und Fülle der Traditionszeugnisse zu suchen. Ein verantwortlicher Umgang mit der Tradition bedeutet also bei aller Bindung an die geschichtlichen Überlieferungszeugnisse Freiheit für die je größere Wahrheit.

In den Dokumenten liegen die verschiedenen Ausformungen des kirchlichen Amtes denn auch wie Momentaufnahmen einer geschichtlich-sozialen Situation vor und erlauben als solche jeweils nur punktuelle Einblicke. Das bestätigt der neutestamentliche Befund ebenso wie der traditionsgeschichtliche Überblick. Ein der Zeit enthobener Wesenskern des Amtes, der qua göttlichem Recht (*de iure divino*) vorgegeben wäre, lässt sich nicht bestimmen. Vielmehr erzählen die verschiedenen Zeugnisse von einem sehr lebendigen Prozess der Annahme und Ablehnung, der Erneuerung und Erhaltung. Dieses Verständnis in Rechnung gestellt überrascht es überhaupt nicht, dass die Kirche zu allen Zeiten ihre Freiheit genutzt hat, aus den Bedürfnissen der konkreten Kirche und der geschichtlichen Situation neue Gestaltungsformen des kirchlichen Amtes zu entwickeln. Die historischen Dokumente, die jetzt vorgestellt werden, sind ein beredtes Zeugnis dafür.

4. Historische Zeugnisse

Mit zunehmendem zeitlichem Abstand zum Ursprungsereignis ist der jungen Kirche die Aufgabe aufgetragen, sich in der Zeit und der Welt einzurichten. Die Geschichte wird zum Ort der Bewährung und die Erfahrung wächst, dass das Erbe nicht so leicht zu bewahren ist wie zunächst erhofft. So bricht in der dritten Generation die Sorge um die kirchliche Kontinuität und Identität voll auf. Sie begleitet die Kirche seitdem durch die Zeit und zeigt sich als stete Herausforderung, den Weg zwischen Distanz und Zuwendung zur Welt zu finden; die Distanz sichert die Liebe zur Welt vor Weltförmigkeit, die Zuwendung schützt den Protest gegen die Welt vor übertriebener Weltflucht. Schon bald wächst die Gewissheit, dass das Erbe, das die Kirche so hoch einzuschätzen hat, umstritten sein kann.

Die junge Kirche, die u. a. den Abgrenzungs- und Lösungsprozess vom Judentum zu bewältigen hat, zeigt nicht zuletzt wegen des Einbruchs häretisch-enthusiastischer Strömungen und der Konkurrenz zugkräftiger Mysterienreligionen schon zum Ende des ersten Jahrhunderts zunehmendes Interesse, das Überkommene in besonderer Form zu bewahren und als Erbe in Treue weiterzugeben. Das Ausbleiben der baldigen Wiederkunft des Herrn wandelt zudem die zeitliche in eine stärker sachlich orientierte Naherwartung; aus Verkündigung wird Lehre, Tradition bleibt nicht nur lebendiger Prozess, sondern wird zum Prinzip. Die Herausbildung des Traditionsprinzips im Rahmen der apostolischen Sukzession wird im Laufe der Zeit zu *dem* Zeichen für Kontinuität im Glauben und in der Lehre. Die Entfaltung und Stärkung des kirchlichen Amtes ist ein weiteres Element, das Identität sichern und Ordnung bewahren soll.[54]

Die frühen Quellen zeigen diesen Entwicklungsprozess deutlich an.[55]

Die Ausgangssituation in den Dokumenten des ausgehenden ersten und zweiten Jahrhunderts ist darüber hinaus geprägt durch die Überschneidung der paulinischen, episkopal-diakonal orientierten Gemeindeverfassung mit der palästinischen Ältestenverfassung, die an Orten mit stärker judenchristlichem Einfluss in den Gemeinden eine bedeutsame Rolle spielt. Die Gemeinden in Rom und den großen Städten Kleinasiens sind hier beispielhaft. Eine eher funktional-charismatisch gestaltete Ordnung trifft damit auf ein stärker ehrenamtlich organisiertes Kollegium, das patriarchalisch strukturiert ist. Bereits am Ende des ersten Jahrhunderts zeigen sich erste Angleichungstendenzen: ein Leitungskollegium vertritt nach außen die Gemeinde und sorgt für die Ordnung im Innern. Und doch gibt es auch deutliche Spuren, dass der Versuch, beide Ordnungen miteinander stimmig in Ausgleich zu bringen, Zeit, Geduld und Kreativität erfordert. So kann die presbyterale Verfassung aufgrund ihrer gesamtgemeindlichen Orientierung den Gedanken der Ortsgemeinde besonders festigen. Die aus den Hausgemeinden erwachsene episkopal-diakonale Ordnung ist aufgrund der Betonung des Dienstauftrages Einzelner dagegen offener für eine charismatisch orientierte Entwicklung institutioneller Strukturen.

Es überrascht also nicht, dass in den Dokumenten aufgrund dieser Ausgangslage ganz unterschiedliche Konzeptionen zum Vorschein kommen. Sie wirken wie Momentaufnahmen in einem geschichtlich-sozialen wie theologisch dynamischen Entwicklungsprozess. Gemeinsam ist ihnen allerdings, dass sie dem episkopalen, diakonalen und presbyteralen Amt mit je unterschiedlichem Gewicht konstitutive Rollen für das Leben der Kirche zuschreiben. Die drei Ämter stehen im Dienst der Kontinuität des Evangeliums und haben Anteil an der apostolisch-kirchlichen Überlieferung, deren Grundgestalt das Zeugnis der Apostel und ihrer Gemeinden ist. Zudem entwickelt sich das jeweilige Amt zwar als sozial legitimierte Gemeindeautorität und sein Träger ist Glied der Gemeinde. Damit ist es aber nicht eine beliebige Funktion der Gemeinde, sondern es bleibt gebunden an die Grundhaltung der *diakonia*: In Verantwortung gegenüber dem Herrn der Kirche und dem Evangelium werden Personen auf Dauer für eine unerlässliche Funktion in Dienst genommen. Der Charakter der Amtsübertragung ist nie der einer Anstellung, sondern sie findet in der Ordination ihre entsprechende Ausdrucksform. In ihr zeigt sich Gottes Gnadenhandeln am Kandidaten; das Amt wird somit immer zugleich verstanden als Gottes Gnadengabe, die im Gebet erfleht wird und dessen Erhörung die Gemeinde im Glauben erhofft. Sie wird also erbeten, im Glauben empfangen und dankbar gefeiert.

Im Interesse der Einheit und der Bewahrung der reinen Lehre gewinnen nun am Ende des ersten Jahrhunderts ortsansässige, innergemeindliche Autoritäten an Bedeutung. In der Mitte des zweiten Jahrhunderts entsteht „die Idee des Apostolischen als normative Größe und die Anschauung, daß sich die Kontinuität in der ‚Sache‘ zeige in der Sukzession der Bischöfe von Anfang an, die als Zwischenglieder die Verbindung zum Ursprung aufrechterhalten.“[56] Die Apostel wählen und bestimmen also nicht ihre Nachfolger; vielmehr wählen die Christen der zweiten und dritten Generation ihre Apostel als Garanten des Glaubens, der Gemeindeordnung und des Kirchenverständnisses. Der Sukzessionsgedanke wird dann um der Einheit willen zunehmend an das episkopale Amt gebunden. In der Konsequenz verändert das natürlich das Zusammenspiel der Ämter erheblich, ohne dass sich sofort eine bestimmte inhaltlich wie formal festgelegte Zuordnung ausgebildet hätte.

Bei aller Variabilität und Vielfalt der unterschiedlichen Konzeptionen taucht der Diakon immer wieder in enger Zuordnung zum episkopalen Amt auf, so dass die Rede vom „Zwillingsamt“ nicht unbegründet erscheint. Da auch in nachapostolischer Zeit die Mahlgemeinschaft identitätsstiftende Sinnmitte der Kirche bleibt, wird der Diakon im Umfeld der Herrenmahlfeier seine zur Sicherung der apostolischen Tradition wesentliche Aufgabe gefunden haben. Vieles spricht für eine sozialdiakonische Leitungsverantwortung des Diakons innerhalb der Gemeinde, die aus der Mahlgemeinschaft erwachsen ist. Ihn lediglich als Helfer des episkopalen Amtes zu betrachten, geben die Quellen des Anfangs einfach nicht her. Außerdem würde diese Zuordnung der Tatsache widersprechen, dass sich das Amt des Diakons im Gegensatz zu anderen, nicht identitätsbildenden Funktionsträgern durchgängig in den Gemeinden etabliert hat und in den Dokumenten häufig mit der *diakonia* Jesu Christi betraut ist. Das zeigen die Dokumente, die nun näher zu betrachten sind, recht eindrücklich.

4.1 Episkopen und Diakone werden ortsansässige Ämter

Am Ende des ersten Jahrhunderts gibt es in den jungen Gemeinden ernsthafte Bemühungen, das Alltagsleben zu regeln und die Strukturen den Bedürfnissen der Gemeinden anzupassen. Ein wichtiges Zeugnis der Ausgleichsbemühungen zwischen bewährten Traditionen der Kirche und neuen Gegebenheiten ist die Didache, eine im letzten Jahrzehnt des ersten Jahrhunderts entstandene Kirchenordnung aus dem syrischen Raum, die zu den wertvollsten Zeugen der Entwicklung des Amtes, der Liturgie und der Caritas der Gemeinden gehört.[57]

Bis zu dieser Zeit sind wandercharismatische Apostel, Propheten und Lehrer die bestimmenden geistigen Autoritäten in den Ortsgemeinden gewesen. Doch nun wächst die Skepsis, ob Wandercharismatiker die Bedürfnisse der rasant wachsenden Gemeinden hinlänglich kennen und ob sie die Aufgaben erledigen können, die für die Gemeinden unerlässlich sind. Die Gemeinden nehmen in Sorge um ihre Identität eine Veränderung der Organisationsstrukturen vor und bilden eigene Autoritätsstrukturen aus. Sicher haben diese Anpassungsmaßnahmen auch innergemeindliche Konflikte provoziert, ein stures Festhalten an gewohnten Strukturen kommt allerdings allein aufgrund des dynamischen Wachstums der Gemeinden nicht in Frage. Propheten und Lehrer sehen sich nun einem Verdrängungsprozess ausgesetzt, in dem ortsansässige Autoritäten zunehmend an Bedeutung gewinnen. Das hat auch damit zu tun, dass liturgische Feiern aufgrund der wachsenden Teilnehmerzahl aus den kleinen Hausgemeinden in größere Räume verlagert werden; zudem wird die Armenversorgung, die die Kirche seit ihren Anfängen als einen der grundlegendsten Lebensvollzüge verstanden hat, in der Didache in diesem Zusammenhang aufgegriffen.

Die Kirchenordnung, die eine intensive Vernetzung von Liturgie und Diakonie, von Eucharistie und sozialdiakonischem Engagement stark macht, empfiehlt den Gemeinden Episkopen und Diakone zu wählen, „die des Herrn würdig sind, Männer, die sanftmütig, nicht geldgierig, aufrichtig und bewährt sind; denn auch sie leisten euch den Dienst der Propheten und Lehrer. Achtet sie also nicht gering; denn sie sind eure Geehrten zusammen mit den Propheten und Lehrern."[58] Ähnlich wie Phil 1,1 und 1 Tim 3,8–13 bringt also auch die Didache das amtliche Zusammenspiel von Episkopen und Diakonen ein, um die ruhelos von einem Ort zum anderen ziehenden Wandercharismatiker zu ersetzen und die im liturgischen und sozialdiakonischen Feld anfallenden Aufgaben zu übernehmen.

Festzuhalten ist, dass die Ämter in der Didache durch die Wahl einer Ortsgemeinde an die entsprechenden Personen übertragen werden, ihre Aufgaben stehen in enger Beziehung zu den Bedürfnissen der Ortsgemeinde und richten sich an ihnen aus. Nimmt man eine Verwurzelung der Gemeinden in der Einheit von Gottes- und Nächstenliebe an, der sich in enger Verbindung von Eucharistiefeier und Sättigungsmahl am Herrentag niederschlägt, werden den Episkopen und Diakonen in diesem Kontext Leitungsaufgaben zugefallen sein. Ähnlich wie in den paulini schen Gemeinden wird auch die Didache eine Verbindung von Sättigungsmahl und eucharistischer Feier gekannt haben. Um mit der unregelmäßigen Verfügbarkeit von Propheten und Lehrern nicht auch die regelmäßige Feier des Herrenmahls am Sonntag zu gefährden, werden in der Gemeinde neue amtliche Strukturen geschaffen. Gerade aufgrund des nicht konfliktfrei abgelaufenen Verdrängungsprozesses wirkt die Vermutung, die Diakone hätten eine schlichte Helferfunktion ausgeübt, reichlich konstruiert. Ein reiner Hilfsdienst hätte sich in den Gemeinden kaum gegen die immerhin bis dahin angesehenen Ämter der Propheten und Lehrer durchsetzen können. Deshalb liegt es nahe, eine enge Kooperation zwischen den beiden Ämtern der Episkopen und Diakone anzunehmen, die der ungetrübten Feier des Herrenmahls und der elementaren Armenversorgung aus der Eucharistiefeier heraus gedient haben.

4.2 Gemeindeleitende Aufgaben für Episkopen und Diakone

Der im letzten Jahrzehnt des ersten Jahrhunderts entstandene Erste Clemensbrief geht auf die Absetzung der Presbyter-Episkopen in Korinth ein. Einflussreiche Gemeindemitglieder haben nämlich die altbewährten Gemeindeleiter abgesetzt, weil sie andere in Geist und Sprache für überlegen hielten. Der Verfasser lehnt dieses Vorgehen entschieden ab. Im Amt sei nämlich eine der Kirche gegebene und in der Schöpfung grundgelegte Ordnung abgebildet, die nicht einfach verändert werden dürfe. Solange Amtsträger ihren Dienst untadelig versehen und ordnungsgemäß eingesetzt sind, dürften sie nicht abgesetzt werden. Amt bleibe zwar Dienst und auch die Aufgabe der Gemeindeleitung sei aus der Grundhaltung der *diakonia* zu leisten.[59] Trotzdem habe die Kirche in ihrer äußeren Gestalt die Ordnung der Schöpfung abzubilden, die in der Schrift und durch Jesus Christus selbst bestätigt worden sei. Nach Clemens haben die Apostel in

Städten und Ländern ihre Erstbekehrten zu Episkopen und Diakonen eingesetzt, nachdem sie sie im Geist geprüft haben. Sie werden in eine gemeindeleitende Aufgabe eingesetzt für die zukünftig Glaubenden. „Und dies war nichts Neues; denn es war ja seit langen Zeiten geschrieben über Episkopen und Diakonen. So nämlich sagt irgendwo die Schrift: ‚Ich werde einsetzen ihre Episkopen in Gerechtigkeit und ihre Diakonen in Treue'."[60] 1 Clem. hat dieses Zitat aus Jes 60,17 bewusst verändert, um zu demonstrieren, dass auch die Schrift die Einsetzung von Episkopen und Diakonen als göttliche Willensbekundung ausweist.

Der Verfasser vertritt damit eine apostolisch-rechtliche Begründung des kirchlichen Amtes; das von Paulus noch stärker charismatisch ausgelegte und an der Aufgabe orientierte Amtsverständnis tritt hier in den Hintergrund. So sagt der Brief wenig über die Aufgaben und das Verhältnis der Ämter zueinander. Einzig die Funktion der Episkopen und der Diakone im eucharistischen Gottesdienst findet Erwähnung.

Die Zuordnung der Ämter zueinander bleibt in 1 Clem. leider uneindeutig. Auch ist aus dem Text heraus schwer zu entscheiden, um welches Amt es sich jeweils handelt. Wenn nämlich die Gemeinde und die Amtsstruktur durch das jüdische Ältestenkollegium geprägt worden sind, dann könnten die im Brief ins Spiel gebrachten Presbyter diejenigen sein, die legitimerweise die Nachfolge der von den Aposteln ursprünglich eingesetzten Episkopen und Diakone übernommen haben.[61] Sie sind in ihrem Amt so lange unantastbar, wie sie ihre Pflichten nicht verletzen und den episkopalen und diakonalen Funktionen nachkommen. 1 Clem. wäre dann ein Zeugnis für die Vermischung von episkopal-diakonaler und presbyteraler Ordnung, das die Identität des Glaubens in der Einhaltung der göttlichen Ordnung sieht.

Auffallend ist, dass die Einsetzung der Ämter durch die Apostel von Clemens mit großer Selbstverständlichkeit in typologische Entsprechung zu der Einsetzung der Priester und Leviten durch Mose im AT gebracht wird. Auch wenn weder der alttestamentliche Kult mit dem christlichen identifiziert noch das Amt der jungen Kirche als Fortsetzung der Ämter des Ersten Bundes verstanden werden soll, erscheint hier erstmals in der Geschichte der Kirche ein Amtsträger in der Rolle des kultischen Opferpriesters. In der weiteren Geschichte hat die Zentrierung auf den Kult ihre Wirkung nicht verfehlt. Die im Begriff der Sazerdotalisierung des Amtes eingeholte Entwicklung hat erhebliche Auswirkungen auf das presbyterale Selbstverständnis gehabt und ließ letztlich Kult und Ethos, Kult und Caritas getrennte Wege gehen. Dieser Entwicklungsprozess hat im Laufe der Zeit natürlich auch erheblichen Einfluss auf das diakonale und episkopale Amtsverständnis gewonnen und seine Spuren in der Zuordnung der Ämter zueinander hinterlassen.[62]

4.3 Betraut mit der Diakonia Jesu Christi

Ein weiteres wichtiges Zeugnis für die Entwicklung der Ämter sind die Briefe des Ignatius von Antiochien. Sie sind vermutlich im frühen zweiten Jahrhundert entstanden.[63] In ihnen findet sich zum ersten Mal der Versuch, die episkopal-diakonale Ordnung mit der presbyteralen Gemeindeverfassung stimmig zusammen zu bringen. Das dreigeteilte Amt ist für Ignatius äußeres Zeichen für Rechtgläubigkeit und Legitimität der Kirche. Hatte Clemens die Autorität der Episkopen und Diakone für die Kirche noch aus einer gottgewollten Natur- und Schöpfungsordnung abgeleitet, so stellt sich bei Ignatius das Amt als die irdische Ausformung eines himmlischen Musters dar. Er verzichtet ganz auf jede historische Rechtfertigung und greift auch nicht auf die Idee der Einsetzung durch Christus oder die Apostel noch auf die Übertragung amtlicher Vollmacht in der Ordination zurück.[64]

Die Gründe für diese Konzeption des Amtes und einem damit verbundenen Selbstverständnis der Kirche sind bei Ignatius am ehesten als Entwicklung einer besonderen historischen Situation zu erschließen. Die Gefahr einer Spaltung und Abweichung vom Ursprung aufgrund häretischer Tendenzen ist in seinen Briefen an die verschiedenen Gemeinden deutlich zu spüren. Ignatius hat deshalb großes Interesse an Einheit und Harmonie, die er in einem starken episkopalen Amt gewahrt sieht. Nicht ein Kollegium, sondern *ein* Bischof soll jeweils die Ortskirche leiten. Sein intensives Werben um die Einführung des Monepiskopats spiegelt allerdings nur bedingt die realen Verhältnisse wieder und mutet etwas rätselhaft an. Alle neutestamentlichen und übrigen frühchristlichen Schriften bis zu und aus dieser Zeit kennen jedenfalls nur eine kollegiale Leitungsform. So steht Ignatius in seiner klaren Begrenzung des hierarchisch gestuften Amtes nahezu alleine da.[65] Die strikt theologische Begründung, die Ignatius seinem Gemeindeverständnis gibt, dürfte ein Indiz dafür sein, dass viele seiner Aussagen mehr Forderung und Hoffnung als bloßer Niederschlag gemeindlicher Wirklichkeit sind. Dies ist bei amtstheologischen Konzeptionen, die die ignatianische Darstellung zu ihrem grundlegenden Ausgangspunkt machen, sicher zu berücksichtigen.

Im monarchischen Bischofsamt scheint Ignatius jedenfalls das Heilmittel für eine strukturell und theologisch ungeordnete Zeit zu sehen. Er zeichnet den Bischof als Garanten und Zeichen der Einheit, der den Gemeinden die Einzigkeit Gottes so deutlich vor Augen führen soll, dass sie sich weder von der Zwei-Götter-Lehre des Markion noch von anderen gnostischen Strömungen verführen lassen. Der Bischof wird für ihn sogar zum Repräsentanten des einen Gottes, die Gemeinde soll sich um ihn als Kristallisationspunkt versammeln. Und sie soll aus der die Einheit des Glaubens stärkenden und bezeugenden eucharistischen Versammlung leben.

In der Ämtertrias des Ignatius steht der Bischof somit zumeist an der Stelle Gottes des Vaters, die beiden anderen Ämter ordnen sich ihm unter. Den Diakonen sollen alle Ehrfurcht entgegenbringen wie Jesus Christus, denn sie sind mit der *diakonia*

Jesu Christi betraut (IgnMagn. 6,1). Das Presbyterium umgibt den Bischof als seine Ratsversammlung; entgegen den theozentrischen bzw. christozentrischen Bestimmungen von Bischof und Diakonen wird den Presbytern also der Typus des Apostelkollegiums zugeschrieben, ohne dass dadurch ein deutliches Bild ihrer Funktion entstehen würde.

Eine besondere Beziehung zum Bischof haben bei Ignatius die Diakone. Er bezeichnet sie als seine Mitknechte. Vielleicht zeigen sich hier Rudimente der paulinischen Gemeindeverfassung, in der den Episkopen und Diakonen unerlässliche Funktionen im Leben der Gemeinde wie im eucharistischen Gottesdienst zukamen. Auch in der ignatianischen Gemeindekonzeption kommt dem gottesdienstlichen Geschehen entscheidende Bedeutung zu, Sättigungsmahl und Eucharistie werden noch miteinander verbunden gewesen sein (Ign.Smyrn. 8,2); darauf könnte auch die Grußformel „es grüßt euch die Agape der Smyrnäer und Epheser" (Ign.Trall. 13,1) hinweisen. Die Agape stiftet kirchliche Gemeinschaft, in der die Güter, die zur Verfügung stehen, untereinander geteilt und verteilt werden. Der unmittelbare Zusammenhang von sakramental-eucharistischer und lebensgeschichtlich-leibhaftiger Wirklichkeit könnte sich also auch hier in der Kooperation beider Ämter widerspiegeln. Wenn der Diakon auch aufgrund der erheblichen Stärkung und Hervorhebung des Episkopenamtes in episkopaler Zuordnung seinen Dienst versieht, bleiben die unerlässliche funktionale Bedeutung und sein Anteil an der Sicherung der apostolischen Tradition doch implizit sichtbar. Ordination bedeutet also auch bei Ignatius Indienstnahme für eine bestimmte Funktion in den Ortskirchen. Sie hat insofern deutlich relationalen Charakter.

4.4 Diakone im Dienst des Bischofs

Für die Geschichte des Diakonats ist die so genannte Traditio Apostolica aufgrund ihrer Wirkungsgeschichte bis in unsere Tage von besonderer Bedeutung. Die Schrift, die in ihrer Grundgestalt auf die Zeit um 200 zurückgeht und deren Autorenschaft nach wie vor umstritten ist[66], wurde zur Wahrung der Tradition abgefasst und hat dafür auf eine schon gängige Praxis zurückgegriffen. Sie führt in eine geschichtliche Situation, in der sich die Institutionalisierung innergemeindlicher Dienste bereits konsolidiert hat. Im Bischofsweihegebet setzt Hippolyt, der lange als Autor der Traditio galt, beispielsweise bereits voraus, dass die Ordination in der Regel als Einweisung in eine frei gewordene Stelle begangen wird. Die Kandidaten für den Episkopat, Presbyterat und Diakonat werden von der gesamten Ortskirche bestellt, die Ämter werden durch Handauflegung und Gebet übertragen.

Entsprechend der Vielzahl gemeindlicher Aufgaben und ihrer je unterschiedlichen Bedeutung für das Leben und die Identität der Gemeinde haben sich die Formen der Indienstnahme bereits differenziert. Die aus der Ordination erwachsenen und mit der Apostolizität des Amtes verbundenen Ämter heißen Bischof, Presbyter und Diakon. Witwen und Lektoren werden dagegen nicht ordiniert, sondern eingesetzt. Subdiakone, die sich hier zum ersten Mal in einem kirchlichen Dokument finden, werden lediglich ernannt. Der jeweilige Dienst in seiner Bedeutung für die Gemeinde ist das entscheidende Kriterium für diese Differenzierungen. Die Indienstnahme des Klerus durch Ordination ist Beauftragung *für* und Einweisung *in* einen ganz konkreten Gemeindedienst[67], sie hat also eindeutig relationalen Charakter und ist nicht etwa eine Gabe zum Besten des Amtsträgers. Die Traditio legt auf die relative Ordination besonderen Wert. Die später, ab dem vierten Jahrhundert in den Quellen belegte absolute Ordination, also die Trennung der Handauflegung von der gleichzeitigen Einweisung in ein konkretes Amt, war für Hippolyt jedenfalls noch völlig undenkbar.

Die Schrift überliefert u. a. Ordinationsgebete für Bischof, Presbyter und Diakon. Darin ist die Bitte um Geistsendung für jedes Amt zusätzlich mit einem anderen Attribut versehen. Es korrespondiert mit der entsprechenden Funktion des übertragenen Amtes. So wird dem Bischof der Geist der Leitung übertragen, er ist Vorsteher und Gemeindeleiter wie die anderen Mitglieder des Presbyteriums. Zugleich ist er der Erste unter den Mitgliedern des Leitungskollegiums, dem das Apostelamt übertragen worden ist.[68] Den Presbytern wird die Leitung der Gemeinde übertragen, sie werden in erster Linie als Mitglieder des Presbyterkollegiums gesehen. Die Zugehörigkeit zum Presbyterium, zum Rat des Klerus wird hier zum entscheidenden Kriterium des presbyteralen Amtes. Aus der Traditio lässt sich also keine vorschnelle Abhängigkeit der Presbyter vom episkopalen Amt konstruieren. Eine Wendung in der Rubrik zur Diakonenordination bezeichnet interessanterweise das presbyterale Amt als *sacerdotium*. Wahrscheinlich braucht die Kirche, in der die Traditio Apostolica beheimatet ist, für die Presbyter schon die Bezeichnung *sacerdotes* und für den Bischof die des *princeps sacerdotum*. Diese Bezeichnung und die daraus resultierende inhaltliche und formale Gestaltung der Ämter wird im Laufe der Jahrhunderte eine gewaltige Wirkungsgeschichte haben.

Im Diakonenordinationsgebet heißt es: „Gott, der du alles erschaffen und durch dein Wort geordnet hast, Vater unseres Herrn Jesus Christus, den du gesandt hast, um deinem Willen zu dienen (vgl. Jes 9,5 LXX) und uns deine Absichten zu offenbaren, schenke diesem deinem Diener den heiligen Geist der Gnade, der Aufmerksamkeit und des Eifers. Du hast ihn erwählt, in deiner Kirche Diakon zu sein und in deinem Heiligtum darzubringen, was dir geopfert wird zur Herrlichkeit deines Namens" (Trad. apost. 8 [FC 1,237]). Das Charisma des Diakons bleibt bei der Ordination gewissermaßen offen, er erhält das

Geistcharisma unter der Autorität des Bischofs, kann und darf somit alles vollziehen, womit ihn der Bischof konkret beauftragt. So soll er den Bischof über das Leben der Kirche – als Beispiel wird die Krankenversorgung genannt – informieren, damit dieser seinen Leitungsaufgaben gerecht werden kann.[69]

Wichtig für die Zukunft ist, dass bei der Diakonenordination nur der Bischof dem Erwählten die Hände auflegt, bei der Bischofs- und Presbyterordination wird dieses Zeichen noch von jeweils beiden Gruppen vollzogen. Als Begründung für die Handauflegung lediglich durch den Bischof gibt der Autor an, dass der Diakon nicht ins *sacerdotium* ordiniert wird, sondern zum Dienst beim Bischof bestellt ist. Der Ordinand wird also nicht *in sacerdotio*, sondern *in ministerio episcopi* ordiniert, damit er das tue, was ihm von diesem aufgetragen wird. Um der enormen Wirkungsgeschichte willen, die diese Formel in den nächsten Jahrhunderten bis in unsere Zeit entfaltet hat, ist es wichtig, den genauen Bezugspunkt zu markieren, den die Traditio mit ihrer Formel wählt. In den Ordinationen des Presbyters wie des Diakons wird jeweils die Aufnahme in ein Kollegium betont, es wird also *nicht* die spezifisch *dienende* Funktion des Diakons der *sazerdotalen* des Presbyters gegenübergestellt.[70] Vielmehr wird das diakonale Amt dem Bischof und das presbyterale dem Presbyterium zugeordnet.

Interessant ist, dass sowohl im Bischofs- wie im Diakonenweihegebet eine besondere Nähe zur Eucharistiefeier ausgesagt ist. Dies könnte ein weiterer Beleg für das in der Verbindung von Eucharistie und Agape grundgelegte Zusammenspiel von Bischof und Diakon sein. Jedenfalls ist in der Traditio Apostolica die fest gefügte Institution des Gemeindemahls zu finden, die aufgrund ihres scheinbar stark eucharistischen Charakters betont von der Eucharistie unterschieden wird. Nicht nur bei der Einladung zum echten Sättigungsmahl sollen die Armen bedacht werden; auch beim Mahl selbst soll mit Zucht und Maß gegessen werden, damit für die abwesenden Kranken und andere Personen Reste übrig bleiben.[71] Nach der Eröffnung der Agapefeier durch den Bischof wird das Aufteilen der Mahlgaben von einem Presbyter oder einem Diakon vorgenommen. Jeder erhält einen Teil, von dem er auch etwas mit nach Hause nehmen kann. Die Sozialfunktion der Mähler wird damit deutlich hervorgehoben, ihr liturgischer Charakter tritt in den Hintergrund. Die religiöse Dimension wird durch die Teilnahme und den Vorsitz des Bischofs garantiert. Bei Abwesenheit nehmen ein Presbyter oder ein Diakon seine Stelle ein.

Das hier beschriebene Beispiel der christlichen Mahlgemeinschaft und Sozialversorgung armer Gemeindemitglieder hat in der nichtchristlichen Umgebung einen imponierenden Eindruck hinterlassen, so dass auch missionarische Impulse von den Mählern ausgegangen sein dürften.[72] Umso bedeutender ist, dass der Diakon Reste des Mahls an Nichtanwesende verteilt und seine Rolle im Kontext der Sozialversorgung gefunden hat.

4.5 Der Diakon als Ohr, Mund, Herz und Seele des Bischofs

Die im syrischen Raum in der ersten Hälfte des dritten Jahrhunderts entstandene Didascalia ist ein weiteres eindrucksvolles Zeugnis für das frühchristliche Verständnis der Ämter. Sie dürfte allerdings weniger das Spiegelbild tatsächlicher Verhältnisse als vielmehr eine Tendenzschrift darstellen, die mit der Herrschaftsform der Monarchie das Gemeindeleben zu regeln versucht. Sie ist damit die früheste Quelle, die den monarchischen Episkopat im strengen Sinn zum Programm erhebt.

Über die Didasc. hinaus ist in dieser Zeit ein zunehmender Einfluss alttestamentlicher Schriften auf die Theologie der kirchlichen Ämter zu bemerken. Das Amt konzentriert sich über seine Leitungsfunktion hinaus stärker auf sakramentale Vorrechte, die sich durch alttestamentliche Zitate allerdings besser begründen lassen als durch Orientierung am Beispiel Jesu Christi. Insgesamt wird in diesem Dokument die Verbindung von episkopalem und diakonalem Amt überaus stark betont. Die Beziehung zwischen dem *episkopos* und den Presbytern wird dagegen nur wenig bedacht. Da die Gemeinden nicht sonderlich groß waren, wird der Bischof vermutlich den Gottesdienst regelmäßig geleitet haben, so dass die Presbyter weder als Liturgen noch als Prediger eine selbständige Rolle hatten. Sie treten lediglich als Kollegium auf, das als Ehrenrat nur bei besonderen Gelegenheiten in Erscheinung tritt und für die Gemeinde die Stelle der Apostel einnimmt. In diesem Stadium der Ämterentwicklung werden sie ähnlich wie der niedere Klerus noch nicht zu den Unterhaltsberechtigten gehört haben.

In der trinitarisch angelegten Ämterstruktur findet sich in der Didascalia überraschend die Diakonin. Sie soll nach dem Vorbild des Heiligen Geistes von der Gemeinde geehrt werden. „Levit aber und Hoherpriester ist der Bischof; dieser ist der Diener des Wortes und der Mittler, für euch aber der Lehrer und nächst Gott euer Vater ... Er ist euer Haupt und Führer und für euch der mächtige König, er regiert an der Stelle des Allmächtigen, ja er sollte von euch wie Gott geehrt werden; denn der Bischof sitzt für euch an der Stelle Gottes. Der Diakon aber steht an der Stelle Christi, und ihr sollt ihn lieben"[73]. Der Diakon repräsentiert also den Messias. Ihm gebührt aufgrund dessen Ehre und Liebe; zudem wird ihm in dieser Zeit aufgrund seiner engen Verbindung mit dem Bischof besonderes Ansehen entgegengebracht. Die Leitung der Gemeinde liegt in den Händen von Bischof und Diakonen (vgl. Didasc. 9,11), während die Presbyter als beratendes Kollegium vom Bischof bestellt sind. In Anlehnung an ignatianisches Denken sollen die Diakone dem Bischof alles zutragen wie Christus dem Vater. Die Laien sollen Kontakt zum Bischof mit Hilfe der Diakone aufnehmen, wie auch zum allmächtigen Gott jemand nur durch Jesus Christus treten kann (vgl. Didasc. 2,28,6).

Eindringlich mahnt die Schrift die Einheit der beiden Ämter an: „Seid also, ihr Bischöfe und Diakonen, Eines Sinnes und hütet das Volk sorgfältig in Einmütigkeit, denn ihr beide müßt Ein

Leib sein: Vater und Sohn, denn ihr seid das Bild der Herrschaft. Und der Diakon soll den Bischof alles wissen lassen, wie Christus seinen Vater, wo aber der Diakon (selbst anordnen) kann, da soll er seine Anordnung treffen, und den Rest der übrigen Angelegenheiten soll der Bischof entscheiden. Es soll jedoch der Diakon das Gehör des Bischofs sein, sein Mund, sein Herz und seine Seele, denn indem ihr beiden Eines Sinnes seid, ist infolge eurer Übereinstimmung auch Frieden in der Kirche."[74]

Insgesamt tendiert die Didascalia dazu, alle wichtigen Aufgaben der Gemeinde auf den Klerus zu konzentrieren. Hintergrund dafür könnten die im späten zweiten Jahrhundert in den Quellen zu beobachtenden Professionalisierungstendenzen sein.[75] Der Bischof soll Mittel- und Bezugspunkt aller Gemeindeaktivitäten werden, er ist Haupt und Führer, er regiert an Stelle des Allmächtigen und soll von der Gemeinde geehrt werden wie Gott. Der Diakon steht an der Stelle Christi, ihm gebührt Ehre und Liebe, weil er *in typum Christi* handelt; die Presbyter sollen den Aposteln gleich geehrt werden. Witwen und Waisen gebührt dem Altar gleich besondere Achtung (vgl. Didasc. Cap. IX). Die Alte Kirche erinnert damit daran, dass die Fürsorge für die Bedürftigen im Gottesdienst verankert ist und bleiben muss, wenn sie ihren spezifischen Charakter christlicher Diakonie erhalten will. Ebenso wird die gottesdienstliche Verankerung der Diakone sichtbar, die sich der Witwen und Waisen, der Armen und Kranken, der Schwachen und Gefangenen, der Hilfe und Fürsorge besonders Bedürftigen anzunehmen haben und darin dem Bischof zugeordnet sind.

4.6 Der Diakon als Ratgeber des gesamten Klerus und als Sinnbild der ganzen Kirche

Eine der profiliertesten Darstellungen des diakonalen Amtes findet sich im Testamentum Domini aus dem fünften Jahrhundert. Die syrische Kirchenordnung, die eine Bearbeitung der Traditio Apostolica darstellt, zeigt den Diakon in deutlich sozialdiakonischer Funktion; daraus resultiert die enorme ekklesiologische Bedeutsamkeit, die dem Amt in diesem Dokument zugeschrieben wird.

Im Testamentum Domini heißt es: „Der Diakon tut und teilt nur das mit, was der Bischof ihm aufträgt. Er ist Ratgeber des ganzen Klerus und so etwas wie das Sinnbild der ganzen Kirche. Er pflegt die Kranken, kümmert sich um die Fremden, ist der Helfer der Witwen. Väterlich nimmt er sich der Waisen an, und er geht in den Häusern der Armen aus und ein, um festzustellen, ob es niemand gibt, der in Angst, Krankheit oder Not geraten ist. Er geht zu den Katechumenen in ihre Wohnungen, um den Zögernden Mut zu machen und die Unwissenden zu unterrichten. Er bekleidet und ‚schmückt' die verstorbenen Männer, er begräbt die Fremden, er nimmt sich derer an, die ihre Heimat verlassen haben oder aus ihr vertrieben wurden. Er macht der Gemeinde die Namen derer bekannt, die der Hilfe bedürfen."[76] Die Schilderung ist wie ein umfassendes Programm eines diakonalen Gemeindedienstes formuliert. Der Diakon soll der Gemeinde mitteilen, was dem Einzelnen in seiner konkreten Not fehlt und ihm durch die Gemeinde entsprechende Hilfe zukommen lassen. Er pflegt die Kranken, sorgt sich um die Fremden, ist Helfer der Witwen, nimmt sich der Waisen an, geht in den Häusern der Armen ein und aus, um der Gemeinde die Namen derer bekannt zu geben, die der Hilfe bedürfen. In dieser Aufgabe ist er wie das Auge, ja das Sinnbild (*symbolum*) der ganzen Kirche.[77] Er wird gleichsam zum Tatsymbol der Kirche analog zum heilsgeschichtlich-christologisch angelegten, ursprünglich stadt-römischen

Taufbekenntnis, das als Summe des christlichen Glaubens zum *symbolum* für den gesamten lateinischsprachigen Raum wurde.[78]

Das von T. Dom. überlieferte Ordinationsgebet für den Diakon erinnert inhaltlich an das in der sogenannten Traditio Apostolica. Es lautet: „Gib diesem deinem Diener den Geist der Gnade und liebevoller Sorge, daß er Eifer empfange, Milde, Großherzigkeit und die Kraft, dir zu gefallen. Mache einen zuverlässigen und untadeligen Diener aus ihm, voller Milde, einen Freund der Waisen, der Frommen und der Witwen, einen Mann glühenden Geistes und Freund alles Guten. Erleuchte, Herr, den du geliebt und dir erwählt hast, um das Amt des Diakons in deiner Kirche zu verwalten und in Heiligkeit im Heiligtum (Mit-)Darbringer der Gaben zu sein, die von den Erben deines Priestertums dargebracht werden. Durch untadelige Amtsführung, durch Heiligkeit und Reinheit zeige er sich dieses so hohen Amtes würdig, weil du ihn liebst, und er lobe dich ohne Unterlaß durch deinen eingeborenen Sohn Jesus Christus, unseren Herrn, durch den dir Ehre und Herrlichkeit wird von Ewigkeit zu Ewigkeit."[79] Der Diakon steht also durch seinen Dienst an den Armen in konkreter Stellvertretung der *diakonia* Jesu Christi und erinnert die Gemeinde an die Notwendigkeit helfender Nächstenliebe, wenn sie Gemeinde Jesu Christi sein will. Damit hat er Anteil an der Weitergabe der apostolischen Tradition und wird zum wertvollen Ratgeber des gesamten Klerus.

5. Untergangsszenarien

Mit dem Testamentum Domini ist eines der letzten Dokumente aus der Blütezeit des Diakonats beschrieben. Nachdem der Diakon in dritten und vierten Jahrhundert vielfältige Dienste im sozialdiakonischen Feld in Zuordnung zum Episkopat verrichtet hat, verliert er ab dem fünften Jahrhundert kontinuierlich an Bedeutung. Noch vor dem Ende des ersten Jahrtausends ist das Amt des Diakons nahezu funktionslos und theologisch ortlos geworden. In der Stufenleiter der Amtshierarchie taucht es lediglich als bedeutungslose Durchgangsstufe zum Presbyteramt auf. Das sollte annähernd tausend Jahre bis zur Wiedereinführung durch das Zweite Vatikanische Konzil so bleiben. Die Gründe dafür sind vielfältig und sind auch deshalb von enormer Relevanz, weil die Geschichte ein guter Lehrmeister ist, will man alte Fehler nicht wiederholen. Für eine stimmige Gestaltung des Diakonats nach der Wieder-Holung durch das Zweite Vatikanische Konzil lassen sich zudem einige inhaltliche Optionen aus der Geschichte heraus formulieren.

Bevor die Krisenphänomene in den Blick genommen werden, ist noch einmal der Ausgangspunkt für die Entstehung des diakonalen Amtes in Erinnerung zu rufen. Er hilft, die Gründe für den Bedeutungsverlust des Amtes zu erschließen. Und er könnte auch ein Ausgangspunkt für Profilierungsschritte sein, die später ausgeleuchtet werden sollen.

Konstitutiv für den identitätsstiftenden Dienst des episkopal-diakonalen Doppelamtes ist seit den Anfängen die im wahren Herrenmahl gefeierte spannungsvolle Einheit von Eucharistie und Sättigungsmahl. Sakramentale Gedächtnisfeier des Opfertodes Jesu
Christi und sozialdiakonische Verantwortung für die Armen bilden
eine unlösbare Einheit und sind als solche Quelle und Höhepunkt
im Leben vieler Ortsgemeinden. In diesem Kerngeschehen finden
das episkopale wie das diakonale Amt ihre Aufgabe, ihren Ort in
der Gemeinde. Für das Amt des Diakons ist die im Herrenmahl verankerte sozialdiakonische Verantwortung, aus der sie bis in die ent-
ferntesten Bereiche des Lebens dringt, von elementarer, grund-
legender Bedeutung. Aus ihr heraus gestaltet er seinen Dienst.

Das zeigt auch die Geschichte. So ist beispielsweise aus der
Mahlgemeinschaft die Philoxenia, eine Vorläuferin der Hospitäler
und Hospize, entstanden; ohne Diakone wäre sie nicht denkbar.
Die spannungsvolle Einheit von Eucharistie und Agape dürfte
auch die immer wiederkehrende enge Verbindung von episkopalem und diakonalem Amt erklären; sie ist stimmig nur aufgrund von Aufgaben zu erklären, die die beiden Ämter in der Feier
des Herrenmahls übernommen und die eine enge Kooperation
notwendig gemacht haben. Die häufig zu findende, aus theopho-
ren und christophoren Elementen erwachsene Vater-Sohn-Typolo-
gie der Ämter ist ein weiteres eindeutiges Zeichen für die enge Beziehung der beiden zueinander.

Am Ende des zweiten Jahrhunderts bezeugen Klemens von
Alexandrien, Origines, Tertullian und Hippolyt von Rom, dass
die Ämter des *episkopos*, des *diakonos* und des *presbyteros* in allen
christlichen Gemeinden eingerichtet sind. Es hatte sich also die
schon von Ignatius beschriebene dreigliedrige Ämterordnung
durchgesetzt, ohne dass freilich die je spezifische Aufgabe des jeweiligen Amtes dezidiert beschrieben und die Zuordnung der
drei Ämter zueinander hinlänglich geklärt gewesen wäre.

Dass die Entwicklung und Funktion eines Amtes grundsätzlich mit entstehenden Bedürfnissen in den Gemeinden zu tun haben, belegt zuerst die Berufung der Sieben in der Apostelgeschichte. Aber auch verschiedene Zeugnisse im zweiten und dritten Jahrhundert zeigen diesen Sachverhalt. Die Quellen begründen die schon in dieser Zeit erfolgte Erweiterung der zum Klerus zählenden Ämter damit, dass die jeweilige Ortskirche dem entstandenen Bedarf und den Veränderungen gerecht werden will. Die Didascalia beispielsweise kennt den Subdiakon und den Lektor.[80] In einem päpstlichen Dokument aus der Mitte des dritten Jahrhunderts findet sich eine Aufzählung des römischen Klerus, zu dem neben dem Bischof 46 Presbyter, 7 Diakone, 7 Subdiakone, 42 Akolythen, 52 Exorzisten, Lektoren und Ostiarier gehören. Der Ordo hatte sich also aufgrund verschiedener Aufgaben in den Ortskirchen erheblich erweitert. Im Rom des achten Jahrhunderts tauchen der Ostiarier und der Exorzist dann nicht mehr auf; wahrscheinlich wird niemand mehr in den jeweiligen Ordo eingewiesen, wenn bestimmte Aufgaben wegfallen.[81] Liegt es nahe, eine ähnliche Entwicklung für das Verschwinden des Diakons als eines eigenständigen Amtes anzunehmen? Hat er seine Aufgabe verloren, ist er funktionslos und dann ortlos geworden? Die Entwicklungen in der Zeit des Niedergangs belegen dies und zeigen zugleich auch andere geschichtliche, soziokulturelle wie theologische Prozesse, die erheblichen Einfluss auf den Bedeutungsverlust des Diakonats haben.

5.2 Zuordnungsschwierigkeiten

In den ersten Jahrhunderten entwickelten sich zunächst die episkopal-diakonale Gemeindeordnung und die presbyterale Verfassungsform nebeneinander. In den Pastoralbriefen werden schon alle drei Ämter genannt, ohne miteinander in eine Dreierkonstellation gebracht worden zu sein; bei Ignatius finden wir dann einen ersten Versuch, die beiden Modelle in einen stimmigen Ausgleich zu bringen. Die seitdem in stetem Fluss befindliche variantenreiche Geschichte der Ausgleichsbemühungen belegt, wie schwierig eine an den Bedürfnissen und konkreten Aufgaben orientierte episkopal-diakonale Struktur mit einer zunächst ehrenamtlichen, repräsentativ geprägten kollegialen Presbyter-Ordnung zusammen zu bringen ist. Die Anfangsproblematik hinsichtlich der je konkreten Funktion wie der Zuordnung der drei Ämter zueinander entwickelt sich nicht überraschend zu einer Konstante in der Geschichte der Amtstheologie.

Ein durchgängiges Moment in den Ausgleichsbemühungen ist die Stärkung und Hervorhebung des episkopalen Amtes. Innerkirchliche Entwicklungen wie von außen herangetragene Herausforderungen mögen die Aufwertung vorangetrieben haben. So führt beispielsweise typologisches Denken in der Theologie schon früh dazu, den *einen* Bischof als Abbild des einzigen göttlichen Vaters zu sehen; er wird zum Garanten der Einheit und der „wahren" Lehre. Leitung, Lehre und Eucharistievorsitz bündeln sich in seiner Hand. Natürlich nähert er sich dadurch stärker den Presbytern an, die in kollegialer Weise der Gemeinde vorstehen und volle Leitungsvollmacht haben. In den Dokumenten drückt sich die Nähe in unterschiedlichen Konstellationen aus; sie bewegen sich zwischen einer horizontal betonten Kollegialität des Presbyteriums, dessen Mitglied der Bischof ist, und einer vertikal orientierten Zuordnung zum allein leitenden Bischof, dem das Presbyterium als Ratskollegium zugeordnet ist. Die Verschiebungen in der Ämtertrias haben nicht unerhebliche Konsequenzen für das Zusammenspiel von Diakonat und Episkopat.

Eine weitere Konstante in der Geschichte der Ämter deutet sich bereits unübersehbar an: Die Bewegung eines Amtes hinsichtlich seiner Funktion wie seiner Zuordnung zu den anderen Ämtern bleibt nie folgenlos für die anderen Ämter; und umgekehrt fordert die Veränderung oder Wieder-Holung eines Amtes immer auch die Bewegung der anderen Ämter, damit eine stimmige, neue Konstellation gefunden werden kann. Unterbleibt die gemeinsame Neuorientierung, wird ein einzelnes, zur Restrukturierung aufgefordertes Amt mit einer chronischen Identitätsschwäche zu kämpfen haben.

5.3 Kult statt Caritas – die Sazerdotalisierung des Amtes

Ähnlich wie die staatlichen Amtsträger im Imperium Romanum gehören die kirchlichen Amtsträger ab dem frühen dritten Jahrhundert zu einer eigenen Rangordnung, zum *ordo sacerdotalis*. Durch die damit einhergehende Sazerdotalisierung des bischöflichen und presbyteralen Amtes, die mit einer zunehmenden Professionalisierung der Ämter zusammenfällt, wird der Bedeutungsverlust des diakonalen Amtes enorm forciert. Unterschiedliche Gründe lassen sich für die komplexe und folgenschwere Entwicklung ins Feld führen.

Das Verständnis des Todes Jesu als das Ende und die letzte Erfüllung alttestamentlicher Opfer bereitet den Weg ebenso wie die Übertragung von Kultvorstellungen und -vorschriften des Alten Bundes auf die Gemeinde Jesu Christi. Zwar schließen die neutestamentlichen Texte die spätere Entwicklung zum Amtspriestertum nicht aus, ein priesterlicher Amtsbegriff stammt aber ebenso wie ein sazerdotales Kultverständnis aus vorchristlicher und paganer Umwelt. Die allmähliche Wiederaufnahme sazerdotaler Kategorien verändert Kirchen- und Amtsverständnis enorm.

Ein beredtes Beispiel für die Sazerdotalisierung liefert schon der erste Clemensbrief. Er hält die Einsetzung der Episkopen und Diakone durch die Apostel für einen ähnlichen Vorgang wie die der Priester und Leviten durch Mose. Damit werden schon früh levitische Züge ins Diakonenamt projiziert, der Bischof wird als Hoherpriester eingeordnet; die Presbyter werden später als Priester dazwischengeschaltet. Erstmals wird bei Clemens die Funktion des kultischen Opferpriesters zu der eines

Amtsträgers der jungen Kirche. Die Übernahme alttestamentlicher Kultvorstellungen führt sogar soweit, dass neutestamentliche Zeugnisse für die Umschreibung bischöflicher Funktionen erst gar nicht benutzt werden. Im dritten Jahrhundert setzt sich dann die Vorstellung durch, dass im Vollzug der Vergegenwärtigung des Kreuzesopfers Christi auch der Priester notwendig sei. Es kommt also zunächst die Vorstellung eines besonderen Kult- und Opferdienstes auf, die die entsprechende Vorstellung eines besonderen priesterlichen Berufes und Standes nach sich zieht.[82] Dass die Entwicklung so nicht zwingend notwendig war, zeigt sich auch daran, dass erst um die Mitte des dritten Jahrhunderts sakrale Terminologie wie Priestertum, heiliger Dienst, heilige Vollmacht, Heiligtum, heiliger Altar, heiliges Sakrament oder Konsekration Eingang in die kirchliche Sprache gefunden hat.[83]

Mit der Entfaltung des sazerdotalen Amtsverständnisses einher geht eine kultische Verengung des gottesdienstlichen Geschehens. Die sozialdiakonische Dimension geht zunehmend verloren; es kommt stattdessen zu einem mehr additiven Verhältnis von kultischen und sozialdiakonischen Elementen. Eucharistische Feier und Sättigungsmahl sind bald getrennt worden, aus dem wirklichen Mahl ist jetzt ein differenziertes Gefüge von Handlungen und Gebeten geworden, das in einer nunmehr zeremoniellen Kommunion mündet.[84] Der *episkopos* steht als Haupt und Hoherpriester (*summus sacerdos*) der kultisch geprägten Eucharistiefeier vor.

Mit dieser Entwicklung ist dem Diakon seine aus der Einheit von sakramental-eucharistischer Feier und konkreter sozialdiakonischer Verantwortung für die Armen erwachsene amtliche Funktion vollends verloren gegangen. Welche Aufgabe sollte er in einem kultisch verengten Gottesdienst auch übernehmen? Seine Funktion musste sich ebenso verändern wie seine Verbindung mit dem episkopalen Amt. Die Dokumente beschreiben zwar durchgängig seine Aufgabe in der bischöflich verantworteten Sozialdiakonie, die Armenfürsorge und Vermögensverwaltung bleiben sogar in seiner Hand. Aus dem für seine Identität elementaren eucharistischen Geschehen ist er allerdings verdrängt worden. Seine enge, in der spannungsvollen Einheit des wahren Herrenmahls begründete Verbindung mit dem Bischof löst sich damit ebenfalls auf.

Daran ändert in der Folgezeit auch die Verantwortung des Diakons für die Armenpflege nichts. Sie wird vom zweiten Jahrhundert an zunächst als eine Hauptaufgabe des Bischofs gesehen, was ihm schon bald den Titel *pater pauperum* im Römischen Reich eingebracht hat. In größeren Gemeinden übernehmen die Diakone diese Aufgabe und sind auch in einigen kultischen wie administrativen Aufgaben zu finden. Den Verlust identitätsstiftender Relevanz für die Gemeinde können diese Dienste allerdings nicht kompensieren. Denn die Kirche wandelt sich mit dem Übergang zur nachkonstantinischen Reichskirche von der verfolgten Minderheit zu einer gesellschaftlich privilegierten Gruppe. Sie arbeitet nun nicht mehr auf eine revolutionäre Veränderung der sozialen Verhältnisse hin; die Hoffnung auf himmlischen Lohn führt vielmehr zu einer gewissen Gleichmütigkeit gegenüber bedrängenden irdischen Verhältnissen. Der rasche Zuwachs kirchlicher Gemeinden durch den Eintritt fast der gesamten Bevölkerung lässt einen besonderen Zusammenhalt der Gemeinden durch soziale Fürsorge, die bis dahin Kennzeichen kirchlicher Gemeinschaft war, auch kaum noch zu. Für die Gemeinden werden die Klöster stellvertretend zu den Trägern der Sozialdiakonie, sie übernehmen also die organisierte Hilfe für Bedürftige. Die Kirche versucht in dieser Zeit, ihre „Kultteilnehmer durch den Hinweis auf himmlischen Lohn wenigstens zu individueller Mildtätigkeit, zu ‚Almosen‘, zu motivieren."[85] Der diakonische Auftrag wandert indes aus der Gemeinde aus und wird zum amtlich empfohlenen, individuell oder von Klostergemeinschaften geübten Almosen des Mittelalters. Mit der Bedeutungsminderung der sozialdiakonischen Dimension für das Leben der Gemeinden verliert auch das diakonale Amt deutlich an Relevanz.

Stattdessen wächst die schon angedeutete vertikale Kollegialität von episkopalem und presbyteralem Amt, da die Presbyter dem Bischof in kultisch-sazerdotalen Funktionen näher stehen als die Diakone und sie so zunehmend in episkopale Aufgabenbereiche geraten. Im reichskirchlichen Kontext wird nämlich die kultische Versorgung ganzer Landstriche zur bischöflichen Hauptaufgabe; der *episkopos* konturiert seinen Amtsauftrag neu, wird mehr und mehr zum *summus sacerdos* und verliert seine Rolle als *pater pauperum*. Die Presbyter verstehen sich zunehmend als bischöfliche Kultvertreter, partizipieren an seinen Vollmachten und werden schließlich zu seinen Vertretern vor Ort.

Der Wandel des kirchlichen Selbstverständnisses im reichskirchlichen Kontext hat also eine funktionale Neuorientierung der Ämter nach sich gezogen. Der Diakon ist zwar nach wie vor dem Bischof zugeordnet, allerdings ist die ursprünglich theologisch und funktional begründete Relation sinnentleert. Als eigenständiges Amt gibt es den Diakonat auf parochialer Ebene nicht mehr.

Schließlich hat die sazerdotale Dimension die Ämter und der Kult die wahre Feier des Herrenmahls so stark überlagert, dass am Ende der *ordo* seine amtlich ausgeprägte sozialdiakonische Dimension abgespalten und verloren hat; die Gemeinde hat zugleich ihre im Kern des gemeindlichen Lebens verankerte sozialdiakonisch bestimmte Identität nahezu aufgegeben. Die traditionelle Dominanz von Lehre und Liturgie hat sich in der Kirche durchgesetzt.[86] Das sazerdotale Kultverständnis macht den Presbyter als Priester zum entscheidenden Glied und Bezugspunkt im Amtsverständnis.

Mit der Sazerdotalisierung des Amtes ist somit eine Entwicklung eingeleitet, die dem Diakon seine Bedeutung für die Identität der Gemeinde nimmt und einige Jahrhunderte später in der Frage mündet, warum er für die marginalen Aufgaben, die er in der eucharistischen Feier übernimmt, überhaupt ordiniert werden muss.

5.4 Rang statt Aufgabe – ein verändertes Ordinationsverständnis

Einen gravierenden Einfluss auf die Entwicklung des diakonalen Amtes hat auch die Veränderung des Ordinationsverständnisses gehabt. Es entwickelt sich nämlich immer stärker zu einer gestuften Rangordnung, einer hierarchischen Leiter vergleichbar, bei der der jeweilige Kandidat eine Stufe nach der anderen bis hin zum Priesteramt durchlaufen muss.

Die Möglichkeit, dass ein Diakon zum Papst gewählt werden kann, ohne vorher Priester oder Bischof gewesen zu sein, gehört nunmehr nahezu ausnahmslos der Vergangenheit an. Das entscheidende Kriterium für die Einstufung in der Hierarchie der Ämter gibt die Nähe des jeweiligen Amtes zur Eucharistie vor. Der Priester hat mit seiner Konsekrationsvollmacht (*potestas in eucharistiam*) die größte Nähe zur Eucharistie. Sie wird schließlich zum Angelpunkt des sakramentalen Ordinationsverständnisses. Die Einsetzung ins Bischofsamt ist in der Folge kein sakramentaler Akt mehr, da das episkopale Amt keine größere Nähe zur Eucharistie mehr stiftet.

Als Beispiel für Einflüsse aus theologischen Erwägungen auf das Ordinationsverständnis kann das am Ende des fünften Jahrhunderts im Osten und Westen dauerhaften Einfluss gewinnende Denken des Ps.-Dionysius gelten. Im streng hierarchisch verfassten himmlischen und kirchlichen Universum erhalten die Wesen bei ihm ihre Aufgabe und Bestimmung von der Ordnung, in die sie eingefügt sind; die vorgegebene Ordnung macht also das Amt. Die kirchliche Hierarchie besteht dabei aus zwei Triaden. Die erste differenziert zwischen der Ordnung der Bischöfe, der Priester und der Ordnung der „Liturgen" oder Diener. Zu dieser letzteren Ordnung der ersten Triade zählen die Ämter des Diakons bis zum Ostiarier. Hinsichtlich der Rangstufen, die unter den Priestern stehen, hat der Diakon also keine Besonderheit mehr. Er fügt sich in die Ordnung der Diener ein.[87]

Am Ende des 5. Jahrhunderts wird die Klerikerlaufbahn zudem von liturgischen Zuständigkeiten bestimmt. Bevor jemand zum Priester oder Bischof wird, hat er idealerweise alle Stufen des *cursus* durchlaufen. Zahl und Titel der einzelnen Sprossen der Klerikerstufenleiter sind allerdings fließend. In diesem Zusammenhang tauchen auch die diakonatsfeindlichen *Statuta Ecclesiae antiqua* auf; sie geben eine Liste von acht Ämtern an, die eine *ordinatio* erhalten. Bischof, Priester und Diakon erhalten eine Handauflegung, Subdiakon, Akolyth, Exorzist, Lektor und Türsteher als Kandidaten für die niederen Weihen werden durch einen Ritus der Übergabe entsprechender Geräte in ihr Amt eingesetzt. Aus eigenständigen und konkreten Aufgaben sind nun also Stufen eines zum Priestertum führenden *cursus* geworden. Der Diakon wird im Wesentlichen für den liturgischen Dienst geweiht. Leider entgleitet ihm auch die Verwaltung der Güter der Gemeinde. So weist das Konzil von Chalkedon (451) darauf hin, dass der Bischof diese Aufgabe einem Ökonom übertragen soll. Der soll aber aus dem eigenen Klerus gewählt werden und nicht unbedingt ein Diakon sein.

Die weitere Geschichte der Ämter ist gekennzeichnet von einer zunehmenden Hierarchisierung mit der Tendenz, dass der jeweils höhere Grad auf der Stufenleiter die Aufgaben des niedrigeren übernehmen kann. Der Bischof an der hierarchischen Spitze kann alle kirchlichen Funktionen ausüben. „Dieses Phänomen des Ineinandergreifens der Kompetenzen und der Substitution der niedrigeren Funktionen durch die höheren Funktionen, die Fragmentierung der ursprünglichen Kompetenzen der Diakone in vielfache untergeordnete klerikale Funktionen, der Zutritt zu den höheren Funktionen durch einen weiteren Weihegrad machen verständlich, dass der Diakonat, als ständiger Dienst, seinen Daseinsgrund verloren hat."[88] Im Übrigen erwähnen bis zum Ende des ersten Jahrtausends alle Texte die Ordination des Bischofs, des Presbyters und des Diakons, ohne dabei die explizite Frage zu stellen, ob die jeweils einzelne Ordination sakramentalen Charakter hat.

5.4.1 Ordination als besondere Auszeichnung

Verschiedentlich werden der Funktionsverlust und der Niedergang des diakonalen Amtes bis hin zur Bedeutungslosigkeit begründet mit überzogenen Führungsansprüchen der Diakone gegenüber den Presbytern, denen sie durch ihr Streben aus dem diakonalen „Vorfeld" in das sazerdotale „Hauptfeld" den Rang streitig machen wollten. Ob dies allerdings berechtigt oder nur von Konkurrenz um das bischöfliche Amt genährt ist, sei dahin gestellt. Die besondere Beziehung der Diakone zum Bischof – beim bischöflichen Gericht sind Diakone Beisitzer (vgl. Didasc. XI) – dürfte jedenfalls nicht ohne Einfluss auf die bischöfliche Nachfolge geblieben sein und wird presbyterale Eifersucht genährt haben. Zudem hatte die Synode von Neocaesarea (314) verfügt, dass nur sieben Diakone für eine Stadt berufen werden sollen, auch wenn sie groß ist (can. 15). Die Apostel hätten schließlich nur sieben bestellt. Wenn man mehr Mitarbeiter für sozialdiakonische Aufgaben brauche, solle man Subdiakone bestellen. Auch die gering gehaltene Zahl der Diakone dürfte besondere Einflussmöglichkeiten eröffnet haben, die die Rangstreitigkeiten noch angeheizt haben könnten.

Ein anschauliches Beispiel für die Auseinandersetzungen mit angeblich anmaßend wirkenden römischen Diakonen stellt der massive Protest des Hieronymus und des Ambrosiaster dar.[89] Der Konflikt offenbart auf sehr anschauliche Weise die Veränderungen im Amtsverständnis seit den ersten beiden Jahrhunderten und belegt einmal mehr die mangelnde Ausgewogenheit und stimmige Ordnung des dreigliedrigen Amtes. Ausgangspunkt der Kritik des Hieronymus wie des Ambrosiaster ist die Kritik der Presbyter, die sich als Ratgeber der Bischöfe zu wenig beachtet fühlen und heftig kritisieren, dass Diakonen Aufsicht über den Klerus zugestanden wird.

Hieronymus (347–419/420) hatte seine Weihe zum Presbyter in Antiochien empfangen und dann leider die Wahl zum Römischen Bischof und Papst gegen den Diakon Siricius verloren. Die Weihe zum Presbyter hatte er nur unter der Bedingung empfangen, dass ihm dadurch keinerlei Amtsfunktionen übertragen werden. Und sicher hoffte er, durch die Weihe auf der Stufenleiter der Ämterhierarchie weiter nach oben zu gelangen. Die Ordination war für ihn eine besondere Auszeichnung geworden, also mehr mit dem Charakter einer Devotionsweihe verbunden als mit der Indienstnahme für eine konkrete Aufgabe. Aus der relativen Ordination, die immer eine bestimmte Funktion mit einer Amtsübernahme und Weihe verband, ist nun die absolute Ordination geworden, die Rang und Status aufzubessern in der Lage war. Hintergrund dieser Konflikte ist die unsichere Zuordnung der Presbyter zu den Bischöfen gewesen. Hieronymus verweist mit der Auslegung von Tit 1,5 – 9 auf die Gleichrangigkeit von Presbyter- und Bischofsamt.[90] Lediglich das Ordinationsrecht des Bischofs unterscheide beide Ämter und das sei nur aufgrund kirchlicher und nicht göttlicher Anordnung so. Zudem habe das Interesse an der Einheit der Gemeinden zu einer Vorrangstellung des Bischofs geführt; dies müsse keinesfalls so bleiben. Mit Zeugnissen aus der Apostelgeschichte und den Paulusbriefen versucht er gegen die vermeintliche Anmaßung der Diakone zu belegen, dass die Bezeichnung „Presbyter" das Alter desselben Amtes ausdrücke.

Ähnlich sucht auch der Ambrosiaster, der den Diakonen Prahlerei, Torheit, Kühnheit und Hochmut vorwirft, seine Forderung nach eindeutiger Unterordnung der Diakone unter die Presbyter zu begründen: Sowohl Bischof als auch Presbyter sind *sacerdotes*, sie stellen beide eine Weihestufe dar; der Bischof sei erster Presbyter und ranghöchster Priester.[91] Demnach wäre nicht jeder Presbyter Bischof, aber jeder Bischof wäre Presbyter. Die Diakone müssten sich dagegen den Presbytern unterordnen; auch die Leviten im Alten Testament wären den Priestern unterstellt gewesen. Neben alttestamentlichen dienen auch neutestamentliche Belege der Forderung nach Einhaltung der Ämterrangordnung. So übersetzt der Ambrosiaster Apg 6,3 entsprechend seinen Interessen wie folgt: „Wählt aus eurer Mitte Männer aus, die wir dazu einsetzen wollen, den Ämtern der Kirche eifrig zu dienen; ich will nicht sagen: den Tischen."[92]

Es wird deutlich, dass die Ordination in dieser Zeit zur Statusfrage degeneriert ist und erhebliche Rangstreitigkeiten nach sich zog. Das belegen die Argumentationslinien in den beiden Dokumenten sehr anschaulich. Die bisher aufgrund differenzierter Funktionen vorgenommene Einsetzung der jeweiligen Ämter, also die relative Ordination, hat ihre ordnende Kraft verloren. Rangstreitigkeiten und Statusfragen überlagern die funktionale Differenzierung der Ämter. Den Diakonen ist zwar ihre enge Beziehung zum Bischof geblieben, ihre eigenständige Aufgabe im Kontext der Sicherung der apostolischen Tradition und damit der Identität der Gemeinde haben sie aber derart eingebüßt, dass ihre Einordnung im *ordo* mit massiven Abwertungstendenzen durch die Presbyter einhergeht. Insgesamt führt das neue Ordinationsverständnis zu einer intensiven Konkurrenz innerhalb der Ämtertrias um Macht und Einfluss, um Status und Rang auf der Stufenleiter der kirchlichen Ämterhierarchie. Ehe sich die episkopal-diakonale Gemeindeordnung mit der presbyteral geprägten Verfassungsform zu einem stimmigen Ordinationsgefüge zusammenfügen konnte, haben Sorgen um eine besondere Auszeichnung die Gestaltung der Ämter aus ihrer Aufgabe heraus entscheidend überlagert.

5.4.2 Der Diakon als Diener der *Ämter* in der Kirche?

Die erstaunliche Übersetzung von Apg 6,3 durch den Ambrosiaster ist ein anschauliches Beispiel für den Weg der Abwertung des Diakons und mit ihm der sozialdiakonischen Verantwortung der Ämter innerhalb der Kirche. Schon bald nach ihm versucht eine weitere diakonatsfeindliche Quelle des fünften Jahrhunderts der

Idee neue Nahrung zu geben, dass der Diakon den anderen, nämlich den nunmehr sazerdotal ausgerichteten Ämtern des Bischofs und des Priesters, zu dienen habe. Er werde also nicht mehr für den Dienst beim Bischof, den er aufgrund einer bestimmten Aufgabe vollzieht, ordiniert, sondern jetzt wird er zum Diener der *sacerdotes*. Hatte die Traditio Apostolica noch verfügt, dass der Diakon nicht ins *sacerdotium*, sondern zum Dienst beim Bischof ordiniert wird (*non in sacerdotio ordinatur, sed in ministerio epsicopi*), verkürzt diese Quelle nun so, dass der Diakon nicht ins *sacerdotium*, sondern zum Dienst geweiht werde (*non in sacerdotio, sed in ministerio consecratur*). Mit ihrer der *Traditio Apostolica* entnommenen und dann entsprechend veränderten Formulierung haben die um 480 in Südgallien entstandenen *Statuta Ecclesiae antiqua* eine erstaunliche Wirkungsgeschichte innerhalb verschiedener Dokumente der Kirchengeschichte gehabt; sie reicht bis in die Dokumente des Zweiten Vatikanischen Konzils und verdient auch deshalb besondere Beachtung.

Die Sammlung von liturgischen und kirchenrechtlichen Satzungen, die mit den *Statuta Ecclesiae antiqua* vorliegt, sieht bereits das Durchlaufen der niederen bis hin zu den höheren Weihen der Reihe nach vor; die einzelnen Stufen des *cursus* sind also bereits eingerichtet. Zur Begründung dieser Praxis weisen verschiedene Theologen des siebten Jahrhunderts u. a. auf die sieben *ordines* Christi hin. Jesus Christus selbst habe in seinem Leben die verschiedenen Stufen des *ordo* durchlaufen.[93] Die *ordines minores*, also in absteigender Linie Subdiakon, Akolyth, Exorzist, Lektor, Ostiarier und Psalmist, hatten sich bis dahin mehr oder weniger zufällig aus konkreten Anforderungen des kirchlichen Lebens entwickelt; sie unterlagen einer gewissen Variabilität und konnten auch ganz wieder verloren gehen. Jetzt werden sie mit den höheren Weihegraden zu einer Einheit verbunden und bilden die eine kirchliche Hierarchie. Die *Statuta*, die zunächst die fränkische Liturgie bestimmt haben, wandern über die deutsche Kirche im 10. Jahrhundert schließlich nach Rom, so dass nun auch in Rom der komplette *cursus* Gültigkeit hat. In dieser Zeit setzt sich auch die Forderung durch, dass die Bischofsweihe die Ordination zum Presbyter zur Voraussetzung hat.

Für die Geschichte des Diakonats überaus folgenreich sollte die in der *Traditio Apostolica* eingefügte Rubrik werden, die die *Statuta* in verkürzter Form wiedergeben. Der Diakon, der vorher nicht ins Sazerdotium, sondern zum Dienst beim Bischof geweiht worden war, wird jetzt nur noch zum Dienst konsekriert. Die ursprüngliche Formel wird damit ganz und gar sinnentleert.

Die beiden Entwicklungen, die sich schon vorher abzeichneten, erzielen nun in Blei gegossen eine enorme Wirkung: Der Diakon verliert nicht nur seine Funktion, er verliert jetzt auch seine eh schon sinnentleerte Beziehung zum Bischof; im Gegenüber zum sazerdotalen Amt ist er der Diener dieser Ämter geworden. Amt ist jetzt gleichbedeutend mit sazerdotalem, also bischöflichem und priesterlichem Amt. Die Diakonie als Verantwortung für die Armen ist von der kultisch verengten Liturgie des Hohenpriesters abgespalten. Die Bedeutung von *ordinatio* hat sich gewandelt von der Übertragung eines Amtes, also der Indienstnahme für eine bestimmte Funktion durch Handauflegung hin zur Handauflegung als lediglich zeichenhafter Christusbegegnung. Sie verleiht jetzt einen Teil kirchlicher Gewalt, ermöglicht den Zutritt zur Hierarchie und gibt Anrecht auf die Privilegien des klerikalen Standes.[94] Die Problematik einer Weihe ohne Amt kündigt sich somit bereits in dieser Zeit an. Der Diakonat hat sich von dieser Entwicklung in den nächsten Jahrhunderten nicht mehr erholt.

Sicher hat die Abstufung des Diakons zum Diener der sazerdotalen Amtshierarchie dazu geführt, dass es in der Folgezeit relativ wenig kirchliche Lehräußerungen über den Diakon gibt und auch das Konzil von Trient bei seiner Definition der kirchlichen Hierarchie keine stimmige Ortsbestimmung des Diakons geben konnte. Die verkürzte Formulierung der diakonatsfeindlichen *Statuta*, die so auch in den Texten des Zweiten Vatikanischen

Konzils auftaucht, wird in die von ihnen abhängigen liturgischen Bücher übernommen und macht eine erstaunliche Karriere.

5.5 Entwicklungen bis Trient

Die eben skizzierte Entwicklung einer kultisch-sazerdotalen Engführung der zunächst breit angelegten Dienstämter hin zum Amtspriestertum und die zugleich erfolgte Hierarchisierung werden zu Beginn des neuen Jahrtausends ergänzt durch ein neues Ordo-Verständnis. Auch das sollte sich auf das Amt des Diakons negativ auswirken.

Der Bezug zur Eucharistie ist es nun, der die Einheit des Ordo ausmacht. Immer exklusiver wird er von der Eucharistie her verstanden. So ist für Thomas von Aquin das Sakrament der Weihe hingeordnet auf das Sakrament der Eucharistie.[95] Alle Differenzierungen innerhalb des sakramentalen Ordo leitet Thomas von der jeweiligen Beziehung zur Eucharistie ab. Der Bezug zu ihr verbindet die sieben *ordines* zur Einheit; drei der unterschiedlichen Ordinationsstufen können aufgrund ihres besonderen Bezuges zur Eucharistie als *ordines sacri* im strengen Sinn betrachtet werden: der Priester, Diakon und Subdiakon. „Der Priester konsekriert die Eucharistie; der Diakon teilt mit dem Priester die Eucharistie aus; der Subdiakon bringt die heiligen Gefäße für die Bereitung der Eucharistie an den Altar; der Akolyth reicht Wein und Wasser dar. Drei weitere Ordines bereiten die Empfänger für den würdigen Empfang der Eucharistie vor: Der Ostiarier hält die Ungläubigen zurück, der Lektor unterweist die Katechumenen in den Grundlagen der christlichen Lehre, der Exorzist befreit die Energumenen aus der Gewalt des Satans. Der Episkopat wird vom Sakrament des Ordo ausgeschlossen, weil der Bischof keine höhere Gewalt über den Leib und das Blut des Herrn besitzt als der einfache Priester."[96] Für Thomas bedarf es für die verschiedenen Weihestufen entsprechend ihrer jeweiligen Eucharistievollmacht einer sakramentalen Konsekration. Der Episkopat wird konsequent als eigene Ordostufe ausgeschlossen; da die spezifische Relation des Priesters wie des Bischofs zur Eucharistie die gleiche ist, reduziert sich der Unterschied zwischen den Ämtern allein auf die mit dem Bischofsamt gegebene Jurisdiktionsvollmacht. Die in dieser Zeit versuchte Unterscheidung zwischen Weihe- und Hirtengewalt sorgt ebenfalls dafür, der Bischofsweihe den sakramentalen Charakter abzusprechen. Das Konzil von Florenz (1439) ist es dann, dass die Betonung der Konsekrationsvollmacht ratifiziert, indem es die Formel „Empfange die Vollmacht, das Opfer ... in der Kirche darzubringen" zur *forma sacramenti* erklärt; die Übergabe des Kelches mit Wein und der Patene mit Brot wird zur *materia sacramenti*.[97]

Kann aber bei dieser Verbindung von Weihesakrament und Konsekrationsvollmacht noch stimmig von der Sakramentalität des Diakonats gesprochen werden? Thomas hat den Diakonat noch aufgrund seines Bezuges zur Eucharistie und seiner Zugehörigkeit zum *ordo* zum sakramentalen Amt erklärt. Für den Diakon des Mittelalters ist allerdings nicht ersichtlich, warum die mittlerweile traditionellen, verhältnismäßig bescheidenen liturgischen Aufgaben seine Zugehörigkeit nicht nur zum Klerus als kirchlicher Einrichtung, sondern zur göttlich gestifteten Hierarchie samt einer sakramentalen Weihe fordern. Folgt man der Position, dass das Wesen des Weihesakramentes in der *potestas in eucharistiam* liegt, also in der Vollmacht, die Eucharistie zu feiern und die Konsekration der eucharistischen Gaben zu vollziehen, dann hat die Weihe des Diakons gar ihren sakramentalen Charakter verloren und man müsste von einer Sakramentalie ausgehen. Der Diakon kann nur zum Hilfsdienst des streng sazerdotal-kultischen Amtspriestertums werden und muss als unterste Stufe der *ordines maiores* verkümmern.

Das Trienter Konzil hebt im 16. Jahrhundert in Abgrenzung zu den Reformatoren das sazerdotale Amtsverständnis nachdrücklich hervor und betont die Vollmacht, „den wahren Leib und das Blut des Herrn zu konsekrieren und darzubringen sowie die Sünden zu vergeben und zu behalten" (DH 1771). Von den Diakonen spricht es nur vage als *ministri*, als Diener, die zur kirchlichen Hierarchie gehören: „Wer sagt, in der katholischen Kirche gebe es keine durch göttliche Anordnung eingesetzte Hierarchie, die aus Bischöfen, Priestern und Dienern besteht: der sei mit dem Anathema belegt"[98]. In der Diskussion der Konzilsväter zeigt sich vor dem Hintergrund eines sazerdotal-kultisch verstandenen Priestertums die Schwierigkeit, die Sakramentalität des Diakonats zu begründen. Da aus seiner Aufgabe der Armenhilfe allein der sakramentale Charakter des Amtes nicht begründet werden könne, wird der Dienst der Sieben in der Apostelgeschichte an den „heiligen Tisch", den Altar verlegt. Es wird also einiges dafür getan, den Dienst des Diakons an der Eucharistie aus Schrift und Tradition zu erschließen. Es überrascht allerdings nicht, dass Zweifel bleiben; so formuliert eine Konzilsstimme, der Diakonat sei zwar ein Sakrament, obgleich in eigentlicher Weise nur der Episkopat und der Presbyterat ein Sakrament darstellen.[99] In den Entwürfen der Konzilstexte werden des Weiteren die liturgischen Funktionen des Diakons neben seinem Dienst für die Armen und Witwen hervorgehoben. Das Amt sei eine vorbereitende Stufe zum Priestertum und stehe diesem von allen Ämtern am nächsten. Denn der Diakon sei das Auge des Bischofs und vorzüglicher Diener der Kirche, dessen Aufgaben, ob die Feier der heiligen Mysterien oder die Verwaltung der Kirche, niemals ausfallen dürften.[100] Impulse zur Wiederbelebung des Diakonats als eigenständiges Amt sind von Trient nicht ausgegangen.

Die Unsicherheit hinsichtlich des sakramentalen Charakters der Diakonenweihe wird auch nach dem Konzil vielfach thematisiert. Die Position, alle unter dem Priestertum stehenden *ordines* seien nur Sakramentalien, findet allerdings keine Mehrheit. So hält der im ausgehenden 16. Jahrhundert einflussreiche Theologe und spätere Kardinal R. Bellarmin die Sakramentalität der Diakonatsweihe für sehr wahrscheinlich. Er verweist zur Begründung auf die allgemeine Lehre der Theologen, auf die neutestamentlich nachweisbare Verbindung der Diakone mit den Bischöfen, auf die Verwendung der Handauflegung bei der Weihe, auf die Notwendigkeit einer besonderen Gnade zur Erfüllung diakonaler Aufgaben und auf die Unverlierbarkeit des *ordo*, welche auf die Einprägung eines Charakters schließen lasse.[101] Den Spekulationen um die Sakramentalität des diakonalen Amtes ein Ende bereiten sollte erst das Zweite Vatikanische Konzil. Es legt die Sakramentalität eindeutig fest und führt das Amt wieder ein, das mehr als ein Jahrtausend im Zustand einer bedeutungslos gewordenen Durchgangsstufe zum Amtspriestertum verharrte.

6. Das Zweite Vatikanische Konzil – Wieder-Holung des Diakonats?

Das Trienter Konzil hatte die Frage der Wiederherstellung des Ständigen Diakonats 1563 zwar positiv beantwortet; besondere Konsequenzen oder folgenreiche Schritte haben sich allerdings in den nächsten vierhundert Jahren daraus nicht ergeben. Dem Zweiten Vatikanischen Konzil sollte es vorbehalten sein, die Tür zu einem Diakonat als eigenständigem Amt wenigstens zu öffnen. Dass es nicht gleich zu einer stimmigen und umfassenden Wiederherstellung und theologischen Neuorientierung kommen würde, wurde schon vor dem Konzil gemutmaßt: „Es ist aus der Geschichte deutlich geworden, daß die Auffassung darüber, was nun eigentlich der Wesenskern des Diakonats sei, verhältnismäßig schwankend und widersprüchlich gewesen ist und bis auf den heutigen Tag geblieben ist. Es ist wohl nicht zu erwarten, dass die Kirche selbst auf dem kommenden Konzil über die Frage einer letzten einheitlichen Wesensstruktur des diakonischen Amtes eigentliche Erklärungen abgibt."[102] Mit seiner vorkonziliar formulierten Einschätzung sollte Karl Rahner Recht behalten.

6.1 Die Diskussion vor und während des Konzils

Im Kontext pastoraler Notwendigkeiten und theologischer Erneuerungsbestrebungen findet das Anliegen der Wiedereinführung des Diakonats als eigenständiges Amt zu Beginn des 20. Jahrhunderts zunehmend einflussreiche Fürsprecher. Am Vorabend des Zweiten Vatikanischen Konzils ist aus dem Hobby einzelner Außenseiter schließlich eine sehr lebendige Idee geworden.

Schon in den dreißiger Jahren war im deutschen Sprachraum der Gedanke eines Caritasdiakonats laut geworden. Caritas als Wesensdimension der Kirche dürfe nicht zur reinen Wohlfahrtspflege verblassen, sondern müsse mit dem inneren Lebensstrom der Kirche und als wesentliche Funktion der Gemeinde mit dem Amt verbunden sein.[103] Caritasmitarbeiter sollten zudem durch die Christusbegegnung in den Notleidenden in ihrem Dienst reifen. Wenn auch noch keine sakramentale Weihe für diesen Dienst postuliert wurde, so war die Debatte um den Caritasdiakonat der Anfang einer engen Beziehung zwischen Caritasverband und Diakonatsbewegung in Deutschland. Die Caritas sollte zur Drehscheibe, Plattform und treibenden Kraft der Diakonatsbewegung vor dem Konzil werden.[104]

Die Not des Weltkrieges, insbesondere die Erfahrungen inhaftierter Priester im Konzentrationslager Dachau, brachten dann die Idee eines Laiendiakonats ins Spiel; verheiratete, berufstätige Männer könnten als Helfer des Priesters, als Hilfsseelsorger in Zeiten zunehmenden Priestermangels eingesetzt werden. Damit waren schon früh einige der Motive ins Spiel gebracht, die schließlich bestimmend bei der Wiedereinführung des Amtes auf dem Konzil wurden: Die misslichen Erfahrungen der Diasporasituation der west- und mitteleuropäischen Kirche seit dem Zweiten Weltkrieg und der zunehmende Priestermangel. In den fünfziger Jahren bekundeten dann auch Bischöfe aus den klassischen Missionsländern ihr Interesse an einer Erneuerung des Diakonats. Die Überlastung der Priester diente ihnen vornehmlich als Motiv für die Option einer Wiedereinführung. In dieser Zeit wurde als Antwort auf die pastoralen Notwendigkeiten die stufenweise Einführung der niederen Weihen ebenso diskutiert wie eine Diakonatsweihe für Laienbrüder aus Missionsgesellschaften. Pius XII., der unmissverständlich an die Zugehörigkeit des Diakons zur Amtshierarchie und somit auch an den sakramentalen Charakter der Diakonatsweihe erinnerte[105], sollte es dann Ende der fünfziger Jahre vorbehalten sein, die Rede vom

Laiendiakonat zu beenden und Mut zu machen für eine weitere Beschäftigung mit der Wiedereinführung des sakramentalen Diakonats. Am Vorabend des Konzils wird den Konzilsvätern schließlich in einer Bittschrift dargelegt, „daß die Erneuerung des Diakonates theologisch angemessen und pastoral notwendig sei; und das Konzil wurde gebeten, verheiratete Diakone wenigstens hier und dort ‚ad experimentum' zu schaffen."[106]

Ist die Not der Pastoral ein guter Ratgeber bei der Wieder-Holung eines Amtes in der Kirche? Vierzig Jahre nach Wiedereinführung des Diakonats in Deutschland ist dies nicht mehr als eine rhetorische Frage. Betrachtet man nämlich die vorkonziliare Entwicklung und die Diskussion während des Konzils, dann bilden vor allem der spürbare Priestermangel und die wachsende Diasporasituation der europäischen Kirche die Folie, auf der das Anliegen verhandelt und der Diakonat schließlich erneuert wird. Letztlich wird damit die Spur für den Diakon als Helfer des Priesters mit gewissen Vollmachten in pastoral defizienter Situation gelegt. Von der Bürde seiner unreifen Geburt konnte sich der Diakonat bis heute nicht befreien. Auch wenn die Zeit vielleicht noch nicht reif gewesen ist für eine dem Thema angemessene theologische Auseinandersetzung, so liefern die Konzilstexte mit ihren „theologischen Fluktuationen"[107] und ängstlichen Kompromissformulierungen leider gewichtiges Material für eine bis heute intensiv geführte Identitätsdebatte.

Im Einzelnen wird die Einschätzung der Konzilstexte hinsichtlich ihrer theologischen Eindeutigkeit an den konkreten Formulierungen zu überprüfen sein. An dieser Stelle sei nur angemerkt, dass die Diskussion um die Wiedereinführung des Diakonats während des Konzils Anlass zu leidenschaftlichen Debatten gab. Unterstützung durch bedeutende Konzilsväter paarte sich mit massivem Widerstand. Ein Licht auf die Diskussion wirft der Umstand, dass der emotionale Höhepunkt der Kontroverse nicht etwa die Auseinandersetzung um die Sakramentalität des diakonalen Amtes oder um seinen theologischen Ort im sakramentalen *ordo* war, sondern die um seine Zölibatsverpflichtung. So trifft die Einschätzung: Ob man den Diakonat „nun für das in den geschützten Innenraum des priesterlichen Zölibats eingeschleuste Trojanische Pferd hält oder ihn als notwendiges Heilmittel für den Mangel an Klerikern betrachtet, oder ob man seine Wiedereinführung für eine ausdrucksstarke Geste des Willens hält, die römisch-katholische Kirche wieder an eine ... apostolische Tradition heranzuführen: Das Thema Diakonat bleibt Gegenstand einer harten Konfrontation"[108]. Die theologischen Früchte der Kontroverse sind, gemessen an der Intensität der Auseinandersetzung, leider relativ bescheiden.

6.2 Verschiedene Dienstämter innerhalb einer communialen Ekklesiologie

Die soeben beschriebene Diskussion der Konzilsväter unterstreicht, dass das kirchliche Amt als geschichtliches Phänomen sich bedeutsamen geschichtlichen Veränderungsprozessen stellen muss und nur im Kontext einer ekklesiologischen Selbstvergewisserung eine modifizierte Ortsbestimmung und Identitätsfindung geschehen kann. Dabei ist die kirchliche Gemeinschaft frei, „je nach den Bedürfnissen der konkreten Kirche und der geschichtlichen Gegenwart an neue Gestaltungen des kirchlichen Amtes zu denken"[109]. Bevor also die Amtstheologie des Konzils in die Mitte des Interesses rücken kann, bedarf es einiger Überlegungen hinsichtlich des konziliaren kirchlichen Selbstverständnisses. In welche Kirche hat Christus, der Herr verschiedene Dienstämter eingesetzt, die auf das Wohl des ganzen Leibes ausgerichtet sind?

Ein breiter Interpretationsstrom geht davon aus, dass der Kristallisationspunkt des konziliaren Kirchenverständnisses der *Communio*-Gedanke ist.[110] Mit ihm werden nämlich die verschiedenen für die Kirche verwendeten Begriffe wie das Bild vom Leib

Christi oder das vom Volk Gottes verbunden; und er spielt eine entscheidende Rolle bei der dem Konzil so wichtigen Deutung der Kirche als universales Sakrament des Heils. Seine grundlegende Interpretation erfährt der *Communio*-Gedanke in den Texten zunächst in christologischer Perspektive. In Jesus Christus wird die *communio* zwischen Gott und Mensch in einmaliger Weise verwirklicht. In seiner unüberbietbaren Hingabe an den Vater im Himmel und an die Schwestern und Brüder auf der Erde ist er in seiner ganzen Person schon die vorweggenommene Wirklichkeit der *communio* der Menschen mit Gott und untereinander. Das aber ist genau der Ausgangspunkt des Konzils für das Verständnis der Kirche als „Sakrament, das heißt Zeichen und Werkzeug für die innigste Vereinigung mit Gott wie für die Einheit der ganzen Menschheit" (LG 1). Kirche als Sakrament verdankt sich in seiner Herkunft Jesus Christus und ist in seinem Dienst auf die ganze Menschheit ausgerichtet. Kirche ist also nie Selbstzweck, sie steht als Zeichen und Werkzeug immer in der Aufgabe, im Dienst die Nähe zu Gott und die Nähe zu den Menschen zu suchen und zu stiften.

Mit diesem Verständnis besinnt sich das Konzil auf die Tiefendimension des Sakramentsbegriffes, die an die biblische Grundbedeutung von *mysterium* anschließt und zuallererst christologisch ausgerichtet ist. Das ist nicht unerheblich für die ekklesiolgische wie amtstheologische Debatte; es geht nämlich in der Kirche und beim sakramentalen Amt in ihr jeweils um „eine einzige komplexe Wirklichkeit, die aus menschlichem und göttlichem Element zusammenwächst" (LG 8) und ekklesiologischen Triumphalismus, Klerikalismus und Juridismus zu überwinden sucht. Mit dem *Communio*-Begriff erschließt sich die Kirche also als *mysterium*, als geistliche Größe, und *zugleich* unausweichlich in ihrer konkreten communialen Struktur. Alle Ämter, Charismen und Dienste sind konsequenterweise zuerst vor allen Unterscheidungen Teil des Volkes Gottes und auch untereinander sollte ihr Dienst communial ausgerichtet sein.

Das Konzil bringt einen weiteren wichtigen amtstheologischen Aspekt in der Nachfolge der Kirche auf dem Weg des armen Christus zu den Armen dieser Erde zur Sprache und gibt damit dem *communio*-Gedanken eine deutliche Akzentuierung. In der hierfür überaus bedeutsamen Textpassage von LG 8 wird das Anliegen der Konzilsväter sehr ausdrücklich: „Wie aber Christus das Werk der Erlösung in Armut und Verfolgung vollbrachte, so ist auch die Kirche berufen, den gleichen Weg einzuschlagen, um die Heilsfrucht den Menschen mitzuteilen. Christus Jesus hat, ,obwohl er doch in Gottes Gestalt war ... sich selbst entäußert und Knechtsgestalt angenommen' (Phil 2,6); um unseretwillen ,ist er arm geworden, obgleich er doch reich war' (2 Kor 8,9). So ist die Kirche, auch wenn sie zur Erfüllung ihrer Sendung menschlicher Mittel bedarf, nicht gegründet, um irdische Herrlichkeit zu suchen, sondern um Demut und Selbstverleugnung auch durch ihr Beispiel auszubreiten. Christus wurde vom Vater gesandt, ,den Armen die frohe Botschaft zu bringen, zu heilen, die bedrückten Herzens sind' (Lk 4,18), ,zu suchen und zu retten, was verloren war' (Lk 19,10). In ähnlicher Weise umgibt die Kirche alle mit ihrer Liebe, die von menschlicher Schwachheit angefochten sind, ja in den Armen und Leidenden erkennt sie das Bild dessen, der sie gegründet hat und selbst ein Armer und Leidender war. Sie müht sich, deren Not zu erleichtern, und sucht Christus in ihnen zu dienen."

Im Anschluss an die Weltgerichtsrede in Mt 25,31–46 erinnert das Konzil in LG 8 daran, dass der Kirche in den Armen und Leidenden Christus begegnet und in ihm Gott selbst. Nachfolge Jesu Christi lebt somit aus umfassender Solidarität und bezeugt dadurch „die unlösbare Verschränkung von Gottes- und Nächstenliebe", wie sie Benedikt XVI. eindrücklich in seiner *Enzyklika Deus Caritas est* beschrieben hat.[111] Bezeugt und lebt die Kirche die unmittelbare Einheit von Gottesliebe und Nächstenliebe, von Gottesdienst und Nächstendienst, dann findet sie darin ganz und gar in ihren sakramentalen Charakter. Gerade die

Liebe zu den Notleidenden schafft nämlich eine heilbringende Beziehung zu Jesus Christus, dem anonymen Bruder aller „Geringsten" (vgl. Mt 25,31ff). Die Konsequenz für die amtliche Struktur der Kirche ist offensichtlich: Wo die konkreten amtlichen Strukturen sich mit der konkreten Not der Armen verbinden, wo sie unter denen zu Hause sind, denen das Reich Gottes zuerst verheißen worden ist, da wächst das Reich Gottes schon in dieser Welt.

Die Botschaft vom Reich Gottes verbindet das Konzil mit der Versammlung der Kirche um den Tisch des Herrn. „Die universale Einheit des Reiches Gottes wird aber dort auf hervorragende Weise vorweggenommen, wo im Geist Jesu alle armen und hungernden und geschädigten Menschen zur befreienden Tischgemeinschaft mit ihm versammelt werden."[112] Die Feier des wahren Herrenmahls – Teilhabe am Leib Christi begründet *communio* im Leib Christi – ist die sakramental und institutionell intensivste Verdichtung des in Jesu Sendung gegebenen unmittelbaren Zusammenhangs von Nähe zu Gott und Nähe zu den Menschen. Die Eucharistie ist das „Sakrament des Glaubens" (GS 38), „in dem die universale Tischgemeinschaft des Reiches Gottes, zu der ja vor allem die von draußen, ,die Armen und die Krüppel, die Blinden und die Lahmen', von den Straßen und Gassen der Welt versammelt werden (Lk 14,15–24), ihre realsymbolische ,Vorfeier' begeht"[113]. Die *Communio*-Ekklesiologie des Konzils lässt sich somit auch als eucharistische Ekklesiologie erschließen. Die Kirche gewinnt Identität aus der wahren Feier der Eucharistie, die aus der spannungsvollen Einheit von sakramental-eucharistischer Gegenwart des Herrn und konkret-leibhafter Gegenwart des Herrn in den Armen und Bedrängten lebt. Aus diesem Geschehen heraus hat aber auch der Diakon seine amtliche Identität gewonnen. Könnte das nicht bedeuten, dass die Wieder-Holung des Diakonats umso eher stimmig gelingt, je mehr die Kirche ihr eucharistisch-*communiales* Selbstverständnis zu lebendiger Wirklichkeit werden lässt? Hier deutet sich jedenfalls gehöriges Profilierungspotential für den Diakon an; darauf muss später noch einmal eingegangen werden.

6.3 Mit heiliger Vollmacht zum Heil aller Menschen

Das dritte Kapitel der Konzilskonstitution über die Kirche „Lumen Gentium" (LG) ist überschrieben mit „Die hierarchische Verfassung der Kirche, insbesondere das Bischofsamt". Gleich zu Beginn des Kapitels legt das Konzil entscheidende Markierungspunkte fest für das Verständnis der *verschiedenen Dienstämter*, die mit *heiliger Vollmacht* (*sacra potestas*) ausgestattet sind. Dazu gehört auch der Diakon, denn aus dem Gesamtduktus des dritten Kapitels ergibt sich, dass das „aus göttlicher Einsetzung kommende kirchliche Dienstamt ... schon seit alters Bischöfe, Priester und Diakone" (LG 28a) bezeichnet. Für diese drei sakramentalen Ämter formuliert das Konzil: „Um Gottes Volk zu weiden und immerfort zu mehren, hat Christus der Herr in seiner Kirche verschiedene Dienstämter eingesetzt, die auf das Wohl des ganzen Leibes ausgerichtet sind. Denn die Amtsträger, die mit heiliger Vollmacht ausgestattet sind, stehen im Dienst ihrer Brüder, damit alle, die zum Volke Gottes gehören und sich der wahren Würde eines Christen erfreuen, in freier und geordneter Weise sich auf das nämliche Ziel hin ausstrecken und so zum Heile gelangen" (LG 18,1).

Grundlegendes Kriterium der verschiedenen, institutionalisierten sakramentalen Ämter ist also zunächst ihr Dienst am Volk Gottes. Sie sind von Christus eingesetzt und ausgerichtet auf das Wohl des ganzen Volkes. In ihrer Vielfalt dienen sie der Kirche, damit das Volk Gottes seiner Sendung entsprechen und sich seiner Identität immer neu erinnern und vergewissern kann. Der Dienstcharakter ist also grundlegendes Kriterium aller drei Weiheämter und nicht allein der des Diakonats. Für den Diakon besonders wichtig ist zunächst, dass die verschiedenen

Dienstämter (*ministeria*) durch Jesus Christus selbst eingesetzt sind; der sakramentale Charakter auch des diakonalen Amtes ist mit dem Konzil also keinesfalls zu bestreiten. Sodann wird der Dienstcharakter des Amtes „zum Nutzen der Kirche" (LG 7), zum Wohl des ganzen Leibes hervorgehoben. Das mittelalterliche, an der Konsekrationsvollmacht ausgerichtete sazerdotal-kultisch verengte Amtsverständnis ist damit an dieser Stelle eindeutig aufgegeben. Darauf deuten auch andere Spuren in den Konzilstexten hin. So versuchen sowohl LG als auch das Dekret über Dienst und Leben der Priester „Presbyterorum ordinis" (PO) den Begriff Dienstamt (*ministerium*) in der Ein- und Mehrzahl dem Begriff *sacerdotium* vorzuziehen. Außerdem wird sehr bewusst von *presbyter* und nicht von *sacerdos* gesprochen. Das Amt, das in den Dienst der Sakramente, besonders der Eucharistie gestellt gewesen ist, ist jetzt in den Dienst an der Gemeinde berufen. Ordination bedeutet also nicht einfach Schaffung von Sühneopferpriestern und Amt ist nicht mit Amtspriestertum gleichzusetzen. Das Monopol eines nur den Priestern vorbehaltenen Amtes wird durch die Ausrichtung des Dienstamtes auf das umfassende, universale Heil der Menschen aufgegeben zugunsten der Wiederherstellung des Amtsbegriffes in seiner ganzen Weite! Diese Neuorientierung kann in seiner Bedeutung gar nicht hoch genug eingeschätzt werden. Die Wieder-Holung des Diakonats als dauerndes und ursprüngliches Amt in der Kirche wird dadurch überhaupt erst möglich. Die streng hierarchisch gestaltete Stufenleiterlogik des Mittelalters, geordnet nach der jeweiligen Nähe zur Eucharistie, ist damit endgültig überholt.

Konsequent wird sodann der *communio*-Gedanke nun auch auf die Dienstämter in der Kirche angewandt. In ihrer ganzen Tragweite ist die ekklesiologische wie amtstheologische Neuausrichtung des Konzils sicher noch nicht auf die Gestaltung des sakramentalen *ordo* durchgeschlagen. Eines ist aber gewiss eine bisher nicht intensiv genug bedachte Konsequenz: Die Wiedereinführung des Diakonats als eigenständiger Weihestufe erfordert eine

Erneuerung der Theologie der Ämter insgesamt; ist die sazerdotale Zweierordnung erst einmal durch den Dritten gestört, müssen auch alle drei gemeinsam um ihre neue Identität ringen.

Wie lässt sich nun die Ausstattung der drei sakramentalen Ämter mit heiliger Vollmacht (*potestas sacra*) inhaltlich beschreiben? Zunächst sagt der Text nur, dass die Amtsträger im Dienst ihrer Brüder und Schwestern stehen, die sich der wahren Würde eines Christen erfreuen. Die Hirtenaufgabe der Dienstämter (*ministri*) ist ausgerichtet auf das Wohl der ganzen Kirche und zielt auf das umfassende Heil. Näher lässt sich die Bedeutung der heiligen Vollmacht an dieser Stelle zunächst nicht erschließen. Aus dem Kontext des gesamten Kapitels könnte man folgern, dass sie der Unterscheidung der Befugnisse und Aufgaben eines jeden Christen von denen des sakramentalen Amtes dient. Die Schlussfolgerung liegt nämlich nahe, dass eine exklusiv dem sakramentalen Amt vorbehaltene Vollmacht, Aufgabe oder Funktion übertragen werde, durch die sich die Dienstämter vom gemeinsamen Priestertum des ganzen Volkes Gottes unterscheiden. Das kann aber letztlich nicht gemeint sein, denn der Diakonat umfasst überhaupt keine Aufgaben und Funktionen, die nicht auch von Laien ausgeübt werden könnten, wenn diese dazu durch die Kirche ermächtigt würden. Oder ist hier lediglich gemeint, dass der Diakon das, was er aufgrund von Taufe und Firmung könnte (*ad posse*), nun auch erlaubt vollziehen darf? Dann würde er per Weihe so etwas wie eine Lizenz (*ad licere*) für bestimmte Funktionen erhalten. Damit ist allerdings ein Ungleichgewicht in die Bedeutung der Weihe für die sakramentalen Ämter eingeschrieben, erhalten Bischof und Presbyter durch die Weihe doch Vollmachten, die nur ihnen zukommen und zwar aufgrund der Weihe. Müsste dieses Ungleichgewicht nicht aufgehoben werden? Eines ist jedenfalls sicher: Wer die Ordination lediglich mit einer exklusiven Vollmachtsübertragung zusammenbringt, kann am Ende dem diakonalen Amt nur seinen sakramentalen Charakter absprechen.

Zweifelsohne treffen wir schon an dieser Stelle auf ein Dilemma, das dem Diakon in seinem Dienst immer wieder begegnet, konkret in der häufig gestellten Frage: Was *kann* bzw. *darf* der Diakon? Natürlich ist es ein zu enger Zugang, die Sakramentalität des Diakonats auf die Frage nach seinen Vollmachten zu reduzieren. Die Berufung auf die erwähnte Enge darf aber im Fall des Weihesakraments nicht dazu führen, die Frage ganz außer Acht zu lassen. Schließlich geben die beiden anderen Weihen aufgrund der sakramentalen Ordination eine Befähigung für Aufgaben, die eine nicht ordinierte Person nicht (gültig) wahrnehmen kann. Nun könnte man einwenden, dass auch das Priesteramt nicht allein von seinen Vollmachten her zu beschreiben ist. Mit der Identitätsbildung qua Vollmacht sei es nämlich „ähnlich problematisch, wie mit der gegenwärtig so ‚beliebten‘ Frage: Was ‚kann‘ der Laie, was ‚kann‘ nur der Priester, bzw.: Was kann der Amtsträger alles weggeben, das dann der Laie tut? Lässt man sich auf eine solche Frage ein, wird das Amt gleichsam entblättert wie eine Rose, von der man Blatt für Blatt wegnimmt, um endlich zum eigentlichen Wesen der Rose zu gelangen, – bis am Ende vielleicht noch zwei Blätter übrig bleiben, im Klartext: die Vollmacht zur Eucharistiefeier und zur sakramentalen Absolution. Aber was beim Entblättern der Rose bleibt, ist keine Rose mehr, und entsprechend ist das, was im Rahmen einer derartigen Fragestellung vom Amt bleibt, kein Amt mehr, sondern ein Zerrbild von Amt. Auch Christi Person und Sendung lässt sich nicht in Einzelelemente oder -vollmachten zerlegen."[114] Es ist eben unmöglich, „durch einen Katalog von Sonderbefähigungen die differentia specifica ... gegenüber dem Nicht-Ordinierten ausmachen zu wollen in der Meinung, nur auf diese Weise die Notwendigkeit oder gar Sinnhaftigkeit von Amtsträgern sicherzustellen, so daß dann mit dem Wegfall solcher Sonderaufgaben auch die Existenzberechtigung"[115] fiele.

Das klingt zunächst sehr plausibel und bedeutet für den Diakonat, dass er auch ohne spezifische, durch die Weihe übergebene exklusive Amtsvollmacht ein sakramentales Amt sein kann. Der Sinn der Ordination leitet sich eben nicht allein davon ab, dass mit ihr etwas gegeben würde, was es sonst überhaupt nicht in der Kirche gäbe.

Das Konzil rückt eine Teilhabe des Volkes Gottes und der sakramentalen Ämter in ihm an der Sendung Jesu Christi in den Vordergrund. Der Begriff der Vollmacht (*potestas*), der schon von Cyprian und Tertullian im dritten Jahrhundert eingeführt worden war und für das Priesterbild des Ersten Vatikanischen Konzils Ende des 19. Jahrhunderts von eminenter Bedeutung gewesen ist, erfährt nun seine inhaltliche Konkretisierung mit Hilfe der Begriffe Sendung (*missio*) und Dienst (*ministerium*). Für das Weiheamt wird die Einheit von sakramentaler Weihe und kirchlicher Sendung in der *sacra potestas* betont. Das Konzil schließt damit an die Praxis der Alten Kirche an, in der eine Ordination ohne Amt ebenso unvorstellbar war wie eine Jurisdiktion ohne Ordination. Die innere Einheit von Weihevollmacht (*potestas ordinis*) und Jurisdiktionsvollmacht (*potestas iurisdictionis*) sollte wieder hergestellt werden. Gelungen ist dies leider nur begrenzt. In den Texten erscheinen zunächst sakramentale Weihe und kirchliche Sendung unterschieden und doch zugleich als Einheit in der *sacra potestas*. Wie die Kirche selbst sind sie aus göttlichem und menschlichem Element zusammengewachsen zu einer komplexen Wirklichkeit. In Parallele zur Heiligung und Sendung Christi durch den Vater ist auch der Amtsträger geweiht und gesandt, seinen Dienst an der Sendung der Kirche als ganzer zu vollziehen, indem er die Bezogenheit von Gottesdienst und Nächstendienst, von Nähe zu Gott und Nähe zu den Menschen je neu erinnert, lebt und selbst in sie hineinwächst. Amt und Gemeinde vermitteln sich in diesem lebendigen Geschehen wechselseitig, es geht also nicht um eine Relation einseitiger Bestimmung oder gar Konkurrenz. Das gemeinsame Priestertum der Gläubigen und das Priestertum des Dienstes, zu dem auch der Diakon gehört, sind also einander zugeordnet (vgl. LG 10,2). Amtliche

Vollzüge geschehen sozusagen als institutionalisierte Vollzüge und sind eingebettet in nicht institutionalisierte Vollzüge derselben Funktion. Sie werden von ihnen getragen und wirken auf sie wieder zurück.[116]

Würde man für den Diakon von einer sozialdiakonischen Funktion ausgehen, so hieße das, das auch die Gemeinde den Grundvollzug Diakonie lebt und sich ihrer sozialdiakonischen Verantwortung stellt. Ihr Engagement wird sicher den Dienst des Diakons beleben und prägen wie es umgekehrt auch zu einer Sensibilisierung und Motivierung der Gemeinde durch das Amt des Diakons für diese Dimension christlichen Lebens kommen dürfte. Schlagwortartig heißt das: Der Diakon braucht eine sozialdiakonische Gemeinde und eine sozialdiakonische Gemeinde braucht den Diakon.

Zusammenfassend lässt sich zur heiligen Vollmacht (*sacra potestas*) und zum Zusammenhang von Weihevollmacht und Jurisdiktionsvollmacht sagen: Episkopat, Presbyterat und Diakonat stehen in enger Relation zu Christus wie zur Kirche im Dienst der Stellvertretung an der einen Sendung Jesu Christi. Die eine *sacra potestas*, die von Christus stammt, wird den sakramentalen Ämtern in der Weihe übertragen und befähigt zur sakramentalen Sendung und zur Übernahme amtlicher Verantwortung für die universale Sendung der Kirche. Klassisch formuliert ließe sich von amtlichem Handeln in der Person Christi und in der Person der Kirche sprechen, das Konzil geht nämlich in Ausdeutung des Sendungsgedankens vom handlungsbezogenen Vollzug des Amtes in der doppelten Relation zu Christus wie zur Kirche aus. Der Diakon wie die anderen Ämter stehen stellvertretend für Jesus Christus in und gegenüber der Gemeinde und sie stehen stellvertretend für die Gemeinde.

Bei alldem bleibt ein gehöriger Rest Unsicherheit. Die Weihe zum Bischof wie zum Presbyter verleiht nun einmal eine Befähigung für eine Aufgabe, die ohne Ordination nicht vollzogen werden kann. Beim Diakon ist das anders. Das Konzil reichert die

Irritation an, indem es die eigentlich aufgehobene Unterscheidung von Weihevollmacht und Jurisdiktionsvollacht selbst wieder in einer Textanmerkung einführt. Die durch die Weihe verliehene *sacra potestas* bedürfe nämlich einer kanonischen Zuweisung bestimmter Aufgaben.[117] Also erhält das sakramentale Amt in der Ordination doch eine zunächst leere heilige Vollmacht? Oder ist die Ordination als Stärkung des Amtsträgers mit sakramentaler Gnade zu verstehen, die keiner besonderen Aufgabe bedarf? Solange die sakramentale Ordination von Episkopat und Presbyterat auch als Befähigung zur gültigen Ausübung von bestimmten Aufgaben verstanden wird, die nicht ordinierte Personen nicht wahrnehmen können, werden folgende Fragen nicht verstummen: Warum sollte das gerade beim wiederhergestellten Amt des Diakons anders sein? Wie ist der Unterschied zu begründen? Liegt er im Wie der Ausübung der Dienste oder in der persönlichen Beschaffenheit dessen, der sie ausübt? Wenn die Aufgaben des Diakons tatsächlich durch einen Laien ausgeübt werden können, wie lässt sich dann begründen, dass sie ihre Quelle in einer neuen und unterschiedenen sakramentalen Weihe haben? Haben sie aber ihre Quelle nicht in der Weihe, wie sind dann Weihevollmacht und Jurisdiktionsvollmacht überhaupt miteinander verbunden? Wie hängen sodann Sakramentalität und Funktionalität des Amtes zusammen und wie findet der mögliche unmittelbare Zusammenhang von Gottesdienst und Nächstendienst eine stimmige, zeichenhafte Ausdrucksmöglichkeit? Ohne alle Fragen einer Lösung zuführen zu können und zu wollen, müssen sich einige Profilierungsschritte am Ende der Ausführungen auch mit diesem Themenfeld befassen.

6.4 Zum Dienst mit sakramentaler Diakonatsgnade gestärkt in *communio* mit dem Bischof und seinem Presbyterium

Im Dekret über die Hirtenaufgabe der Bischöfe in der Kirche „Christus Dominus" (CD) heißt es: „Die Bischöfe erfreuen sich nämlich der Fülle des Weihesakramentes. Von ihnen hängen bei der Ausübung ihrer Gewalt sowohl die Priester ab, die ja, um sorgsame Mitarbeiter des Bischofsstandes zu sein, selbst zu wahren Priestern des Neuen Bundes geweiht sind, als auch die Diakone, die, zum Dienst geweiht, dem Gottesvolk in der Gemeinschaft mit dem Bischof und seinem Presbyterium dienen (CD 15, 1)."
An dieser Stelle der Konzilstexte wird zunächst die theologische Grundlegung des Bischofsamtes weiter entfaltet. Priester und Diakone haben in ihrem Weiheamt teil an der im Bischofsamt verliehenen Fülle des Weihesakramentes. Für den Diakonat von besonderer Bedeutung ist zunächst die Hervorhebung der Gemeinschaft mit dem Bischof und seinem Presbyterium; davon ist dann in LG 29 wieder die Rede. Wird in LG 29 nur von einer „Auflegung der Hände" gesprochen, so wird hier unmissverständlich betont, dass der Diakon zum Dienst geweiht ist. Bei aller theologischen Beweglichkeit, die die Texte zum Diakonat auszeichnet, ist damit die Sakramentalität des Diakonats unumstößlicher Ausgangspunkt seines Verständnisses. Es handelt sich um ein Sakrament, um eine wirkliche sakramentale Weihe, um eine sakramentale Gnade, die durch Handauflegung mitgeteilt wird. Auch im Dekret über die Missionstätigkeit der Kirche „Ad gentes" (AG) ist von der Sakramentalität des Diakonats die Rede. „Wo die Bischofskonferenzen es für gut halten, soll der Diakonat als fester Lebensstand wieder eingeführt werden, entsprechend den Normen der Konstitution über die Kirche; denn es ist angebracht, daß Männer, die tatsächlich einen diakonalen Dienst ausüben, sei es als Katechisten in der Verkündigung des Gotteswortes, sei es in der Leitung abgelegener christlicher Gemeinden im Namen des Pfarrers und des Bischofs, sei es in der Ausübung sozialer oder caritativer

Werke, durch die von den Aposteln her überlieferte Handauflegung gestärkt und dem Altare enger verbunden werden, damit sie ihren Dienst mit Hilfe der sakramentalen Diakonatsgnade wirksamer erfüllen können (AG 16, 6)."

Es ist gut, um diesen Fixpunkt zu wissen. Die theologischen Fluktuationen, die sich in den Konzilstexten zum Diakonat finden, brauchen nämlich einen präzisen Orientierungspunkt. Leider trägt auch die nicht immer der Communio-Idee folgende Ekklesiologie des Konzils dazu bei, den Interpretationsspielraum zum Verständnis des Diakonats unnötig zu weiten. So liegen in LG zwar Aspekte und einzelne Elemente für eine eigenständige Communio-Ekklesiologie vor, insgesamt bleibt sie aber mehr unvollendete Aufgabe als umfassendes Programm. So stehen eine sich herausbildende, biblisch-altkirchlich communial orientierte und eine juridisch-hierarchisch strukturierte Ekklesiologie bisweilen unversöhnt nebeneinander. Gerade das dritte Kapitel von LG, in dem auch der für den Diakonat zentrale Text LG 29 steht, ist aber eindeutig hierarchisch gefärbt. Umso mehr sind die amtstheologischen Implikationen einer Communio-Ekklesiologie als „das eigentliche Herzstück der Lehre des Zweiten Vatikanums über die Kirche ... das Neue und zugleich ganz Ursprüngliche"[118] für diesen Text in Anschlag zu bringen. Schließlich ging die Intention der überwältigenden Mehrheit der Konzilsväter in Richtung *communio* und nicht *hierarchica* als Schlüssel zur Auslegung und sachgerechten Interpretation der Konzilstexte.

6.5 Kristallisationspunkt des Amtes: Bischofsamt statt eucharistische Konsekrationsvollmacht

Zwei für die Amtstheologie des Konzils wesentliche Perspektivwechsel machen die Relation zur Ortskirche bzw. zur Gemeinde in Ausrichtung auf das umfassende, universale Heil besonders deutlich. Zum einen verkündet das II. Vatikanum, dass die Wiederherstellung des Diakonats als dauernder und ursprünglicher Funktion in der Kirche grundsätzlich möglich ist. Hierdurch gibt es das Monopol eines nur den Priestern vorbehaltenen Amtes auf und öffnet den Weg zu einer Wiederherstellung des Begriffes Amt in seiner ganzen Weite. Die als Dienst umfassend pastoral bestimmte Ausrichtung der sakramentalen Ämter wird zum anderen durch die im Bischofsamt gegebene sakramentale Fülle des Weihesakramentes unterstrichen (vgl. CD 15,1). „Das Bischofsamt ist pastoral. Es ist als Dienst (ministerium) zu verstehen und auszuüben, näherhin als Hirtendienst (LG 18f)."[119] In enger Relation zur Gemeinde findet es seine Identität. Mit der Weihe werden die Ämter der Heiligung, der Lehre und der Leitung übertragen. Die auf den Theologen Petrus Lombardus zurückgehende Lehrmeinung aus dem 12. Jahrhundert, dass die Bischofsweihe nur ein Sakramentale sei, weil sie die Vollmacht über den eucharistischen Leib des Herrn nicht vermehre, sondern nur die Vollmacht über den mystischen Leib vergrößere, ist also überwunden. Der Gedanke von der im Bischofsamt gegebenen sakramentalen Fülle löst die Vorstellung von der höchsten Stufe des Weihesakraments als Steigerung des einfachen Priestertums auf. Die Idee eines nach der Logik einer Stufenleiter geordneten *ordos* wird zugunsten der Interpretation der anderen Dienste nach der Logik der Anteilgabe bzw. Anteilnahme aufgegeben. Das presbyterale wie das diakonale Amt haben demzufolge Anteil an den in der Weihe übertragenen Ämtern der Heiligung, Lehre und Leitung.

Die im Bischofsamt gegebene sakramentale Fülle des Weihesakraments ist darüber hinaus nicht näher vom Konzil erläutert worden. Es bleiben Differenzierungsschwierigkeiten. Folgt man dem Ausgangspunkt des Konzils, die Bischöfe als „Hirten der Kirche" (LG 20) zu sehen und stellt damit die Beziehung des Amtes zur Kirche bzw. zur Gemeinde in den Vordergrund, so wird in dieser Perspektive die Unterscheidung von Bischof, Presbyter und Diakon nicht erleichtert. Schließlich haben die Konzilstexte die Tätigkeit des Bischofs weitgehend nach der Wirksamkeit eines Gemeindepfarrers beschrieben. Umgekehrt wird durch die Betonung der Fülle des Weihesakramentes im Bischofsamt und durch den immer wieder durchgeführten Rückbezug der Aussagen über das presbyterale Amt auf den Bischof „das Presbyteramt als solches in seiner – ihm bei aller Relativität zum Episkopat doch noch verbleibenden – ‚eigenen' Struktur und Funktion immer mehr ‚unklar'."[120] Das muss auch für das Diakonenamt gesagt werden, dass in LG 29 „eine Stufe tiefer" in den *ordo* eingefügt ist. Leider hat das Konzil an keiner Stelle eine plausible Begründung für die hierarchische Stufung abgegeben.

Die Versuche, das Amt des Diakons in einer gewissen Eigenständigkeit in Teilhabe an der sakramentalen Fülle des Bischofsamtes zu beschreiben, unterliegen letztlich der gleichen begrenzten Plausibilität wie die Ausführungen des Konzils über das Verständnis des Presbyteramtes. Wer nämlich den Anwendungsreichtum des Begriffs „Teilhabe" ausschöpft, kann kaum damit zufrieden sein, wenn die Diakonen- resp. Presbyterweihe „‚nur' als Partizipation an der Bischofsweihe betrachtet wird."[121] Allzu leicht erscheinen die beiden Ämter dann nur als defiziente Ausprägungen des bischöflichen Amtes. Die Teilhabe aller sakramentalen Ämter an der einen umfassenden Sendung Jesu Christi könnte indes auch zum Ausgangspunkt für eine ganz anders geartete funktionale Differenzierung der Gesamtrepräsentation der Sendung Jesu Christi führen. Die Rede von der einen *sacra potestas* müsste dafür allerdings noch konsequenter entfaltet werden.

6.6 Relationale statt absolute Ordination: Die Aufgabe macht das Amt

In konsequenter Ausdeutung des Sendungsmotivs geht das Konzil von einem dynamischen und handlungsbezogenen Vollzug des Amtes in der Relation zu Christus wie zur Kirche aus. Das Amt handelt ganz in der Person der Kirche (*agere in persona eccle-*

siae) und ganz in der Person Christi (*agere in persona Christi*). Ein Modell, das eine statische, das Wesen verwandelnde Quasi-Identität des Amtsträgers mit Christus annähme, ist damit ausgeschlossen; stattdessen wird gerade der dynamische, im Geschehen zu erschließende Charakter amtlicher Stellvertretung Christi hervorgehoben. Das Konzil spricht deshalb auch in Bezug auf die sakramentalen Ämter vom dynamischen Handeln in der Person Christi (*in persona Christi agere*) und nicht von der Repräsentation Christi bzw. der Kirche (*repraesentatio Christi* bzw. *repraesentatio Ecclesiae*). Gerade der *Repraesentatio*-Begriff trägt in sich das Missverständnis, dass amtliche Stellvertretung Christi sich als eine Art substanzhafter Vergegenwärtigung Christi vollziehen würde; der Amtsträger wäre dann in seinem Wesen ein „zweiter Christus" und seine amtliche Vollmacht würde ein sich auf alle Lebensbereiche erstreckender „Wesenszug" sein.[122] Der amtliche Dienst *in persona Christi* vollzieht sich dagegen im ganzen Spektrum der Sendung Jesu Christi. Durch Episkopat, Presbyterat und Diakonat geschieht eine je unterschiedlich akzentuierte Stellvertretung der einen komplexen Sendung Jesu Christi.[123] Leider ist das „*in persona Christi*" in LG 10 nur im Kontext der Eucharistie beschrieben worden, obwohl die Konzilsväter diesen erst nachträglich eingeflochtenen Einschub wesentlich umfassender verstanden wissen wollten.

Für den Diakonat ergibt sich aus dem Gesagten eine Teilhabe an der Stellvertretung der umfassenden Sendung Jesu Christi zusammen mit dem episkopalen und presbyteralen Dienst. Das Dekret über die Missionstätigkeit der Kirche „Ad gentes" (AG) legt solch eine Schlussfolgerung nahe, denn es beschreibt sowohl die Bischöfe als auch die Priester und Diakone als „Diener des Heiles" (AG 16a). Der Dienst des Diakons, seine Funktion ist wesentlich, unerlässlich für das Bleiben der Kirche in der Sendung Jesu Christi. Und gerade deshalb ist sein Dienst sakramental, kommt ihm sakramentale Dignität zu Recht zu. Schon das Konzil hat also Sakramentalität und Funktionalität durch die grundlegenden Begriffe Sendung und Dienst unmittelbar miteinander verbunden.

Außerdem wird durch den Vorzug des Begriffes *ministerium* vor dem des *sacerdotiums* die Aufhebung sazerdotaler Sakramentalität zugunsten der Ausrichtung auf die umfassende Sendung Jesu Christi zum Heil aller Menschen unterstrichen. Konsequent wird bewusst von *presbyter* und nicht von *sacerdos* gesprochen. Auch das sind deutliche Hinweise darauf, der Funktion des Diakons sakramentalen Charakter zusprechen sowie Sakramentalität und Funktionalität miteinander in enge Beziehung setzen zu können. Die Aufgabe macht das Amt und macht es unerlässlich für die Gemeinde und ihren Mitvollzug der Sendung Jesu Christi.

Damit ist aber ein wesentlicher Punkt der amtstheologischen Auseinandersetzungen der letzten Jahre berührt, der für das Verständnis des Diakonats von erheblicher Bedeutung ist. Im Kern geht es um den Zusammenhang von Wesen und Vollzug, um das Zusammenspiel von Sakramentalität und Funktionalität. Schenkt die sakramentale Weihe eine besondere Prägung, die den Weihekandidaten in eine besondere Gleichgestaltung mit Christus führt und ihn in seinem Wesen, in seinem Sein neu ausrichtet? Dann könnte man sich in der Charakterisierung des Diakonats und der in der Weihe geschenkten Geistesgabe mehr dem Sein zuwenden; nicht die Ebene des Tuns, sondern die des Seins eröffnet dann die Besonderheit des Diakons. Macht also das, was er ist, die Originalität dessen aus, was er tut? Für die Sakramentalität des Diakonats wäre dann jedenfalls nicht entscheidend, dass der Diakon nichts tun kann, was nicht auch jeder Christ mit Erlaubnis der Kirche tun könnte.

Die Hinwendung zum Herrn der Kirche kann helfen, falsche Alternativen zu entlarven und aufzugeben. Jesus Christus selbst „ist ganz mit seinem Amt eins; sein Auftrag und sein Selbst lassen sich gar nicht voneinander trennen."[124] Der Amtsträger, der sich in den Dienst an der Sendung Jesu Christi stellt, wird sich mit seiner ganzen Kraft für seine Aufgabe einsetzen. Der Einsatz der ganzen Kraft ist gefordert; eine Aufgabe, eine Funktion aber, die einen Menschen packt, ganz einfordert, fesselt, der sich jemand mit Haut und Haar hingibt, verändert die Person selbst, verwandelt ihr Innerstes und so verstanden auch ihr Wesen. Der Amtsträger, der sich seiner besonderen Verantwortung unterstellt und darin der Unverfügbarkeit und Vorgegebenheit der Gabe und Aufgabe Gottes Ausdruck verleiht, stellt sich in die heilige Ordnung: Im Dienst am Nächsten aufgehen, sich dem Anderen und seiner Not hingeben, sich von Gottes Geistesgabe gestärkt wissen und in diesem Dienst selbst verwandelt werden, das ist Ordination, das ist Weihe. Eine Wesensverwandlung jenseits des amtlichen Handelns würde dagegen einem magischen Sakramentenverständnis nahe kommen und wäre ebenso unsinnig wie die Annahme, die sakramentale Weihe würde die Person nicht in ihrem Inneren treffen und bewegen. Es muss sich also in der Suche nach dem sakramentalen Kern des Amtes keine Neigung zu einer reaktionären Klerikalisierung zeigen; zunächst kann sich darin vielmehr die Weigerung manifestieren, „gnadenlos" in den Dienst genommen zu werden.

Der Zusammenhang zwischen Dienst, Amt und Kirche muss hier noch einmal genauer betrachtet werden. Der Ordinierte wird durch die Weihe mit seiner Person unumkehrbar und öffentlich mit einer konkreten Funktion an die Kirche gebunden. So gesehen kommen schließlich alle Vollmachten der Person in ihrer Funktion und nicht dem Amtsträger selbst, also seiner Person unabhängig vom konkreten Auftrag zu. In diesem Sinn hat die *sacra potestas* keinen Besitzer, sondern einen Träger. Sie haftet an der Funktion, am kirchlichen Dienst und wird durch die Weihe an das Amt gebunden. Zugleich ist das Weiheamt ein Geschenk der Gnade. Die sakramentale Grundlegung ist Ausdruck dieser Gnade und sie kann umso mehr gelebt werden, je mehr Amtsträger und das Volk Gottes es glaubend anerkennen, dass Gott Kraft und Wegweisung für den Dienst gibt.

Aber auch so bleibt eine Spannung, denn allein durch den Vollzug garantiert kein Sakrament die Gabe des Geistes; das käme einem magischen Verständnis gleich. Es bleibt die Hoffnung, dass wenigstens Spuren der Geistesgabe bleiben, solange der Amtsträger seinen Dienst versieht und seiner Funktion treu bleibt. Dann wäre der sakramentale Charakter, den die Tradition in der Rede vom unauslöschlichen Prägemal (*character indelebilis*) zum Ausdruck bringt, im wesentlichen ein Zeichen der Bescheidenheit, gepaart mit der begründeten Hoffnung, dass menschliches Können oder Versagen die geistliche Vollmacht nicht gänzlich zu entleeren vermag.

Sakramentalität wird in den Konzilstexten immer als ein Integral von Wesen und Vollzug, von sakramentaler Gnade und der daraus erwachsenden Gestaltung des jeweiligen Handelns gesehen. Die Funktionen des sakramentalen Amtes gehören also zu seiner Sakramentalität dazu und erschließen jene im Handlungsbereich. Genau dieser innere Zusammenhang von Sakrament und Vollzug, von Sein und Tun ist das Neue. Letztlich lässt sich sagen, dass die in der Weihe geschenkte Gabe, die befähigt, in der Person des Hauptes Christus zu handeln, zugleich eine heilige Aufgabe ist.

6.7 Drei Ämter Christi als Funktionsbeschreibung

Die Konzilsväter versuchen mit Hilfe der Drei-Ämter-Lehre die eine *sacra potestas* der drei sakramentalen Ämter inhaltlich zu entfalten. Die Lehre zeigt sich als der Versuch, die Heilssendung Jesu Christi unter den drei Aspekten des Propheten-, Priester- und Hirtenamtes Jesu Christi darzustellen. So sagt das Konzil vom kirchlichen Amt, dass es in seinem Bezug zur Kirche als Sakrament des Heils sakramental bestimmt ist. „Die Bischöfe haben also das Dienstamt in der Gemeinschaft zusammen mit ihren Helfern, den Priestern und den Diakonen, übernommen. An Gottes Stelle stehen sie der Herde vor, deren Hirten sie sind, als Lehrer in der Unterweisung, als Priester im heiligen Kult, als Diener in der Leitung (LG 20, 3)." Dabei ist die Einheit der drei Ämter Jesu Christi der entscheidende Grund für die Verwendung des Modells, bei dem „man eigentlich nur von einer dreifachen Dimension des Amtes und der Sendung Christi sprechen darf, statt von drei verschiedenen Funktionen"[125]. Konsequent spricht das Zweite Vatikanische Konzil auch von der *einen sacra potestas*, denn die drei Ämter der Lehre, Heiligung und Leitung sind quasi ungeteilt und unvermischt, durchdringen sich gegenseitig und sind einander ergänzende Aspekte der umfassenden Heilssendung Jesu Christi. Das Besondere des Drei-Ämter-Modells ist darin zu sehen, dass das Wirken Christi, die Sendung der Kirche durch alle Getauften und die besondere Aufgabe des sakramentalen Amtes in derselben Begrifflichkeit beschrieben werden und Christologie, Ekklesiologie und Amtstheologie damit bereits im Ansatz integriert sind.[126] Die eine, sich in den drei Ämtern entfaltende *sacra potestas* stammt also von Christus und der Dienst, der kraft dieser Vollmacht zu leisten ist, dient dem ewigen Heil der Menschen. Das sakramentale Amt wird damit auch durch die Drei-Ämter-Lehre konsequent in die ursprüngliche Weite der umfassenden Sendung Jesu Christi geführt und von jeder hierarchisch gestuften, kultisch verengten Tendenz befreit. Das ist der große, befreiende Schritt, den das Konzil mit diesem Modell gegangen ist.

Der Versuch, mit Hilfe dieser Lehre die je spezifischen Funktionen des episkopalen, presbyteralen und diakonalen Amtes zu beschreiben, hat allerdings auch seine Grenzen. Das ändert sich auch nicht, als in nachkonziliarer Zeit das Modell durch die Rede von den drei Grundvollzügen *matyria – leiturgia – diakonia* abgelöst wird. Die drei Ämter lassen sich nämlich nicht schwerpunktmäßig mit je einem Grundvollzug verbinden, auch wenn die Versuchung groß ist, dem Diakon beispielsweise die Diakonie zuzuschreiben. Der Schwerpunkt der Funktionen des diakonalen Amtes liegt im Dekret über die Missionstätigkeit der Kirche „Ad gentes" zwar im administrativen und sozialdiakonischen Dienst. LG 29 beschreibt die Aufgaben des Diakons allerdings umfassend als Diakonie der Liturgie, des Wortes und der Liebestätigkeit, sowie noch einmal als Dienst der Liebestätigkeit und als Dienst in der Verwaltung. Zusätzlich werden einige Einzelaufgaben des Diakons besonders erwähnt. Im Grunde wird damit die Drei-Ämter-Lehre auch auf den Diakon angewandt, dem Aufgaben im Amt des Wortes, der Heiligung und der Leitung zukommen. Die Teilhabe am Amt der Leitung wird an dieser Stelle vor allem durch die Aufgabe der Verwaltung eingeholt. Laut AG 16 kommt dem Diakon aber auch die Leitung einer zerstreuten Gemeinde im Namen des Bischofs oder des Pfarrers zu. Bei näherer Betrachtung erinnert die Einteilung der Aufgaben so gesehen sogar an die Darstellungsweise des episkopalen und auch presbyteralen Amtes.

Kann man dem Bischof und dem Presbyter eine je spezifische Funktion zuordnen? Im gesamten Dekret über die Hirtenaufgabe der Bischöfe in der Kirche „Christus Dominus (CD) wird bei der Beschreibung der wesentlichen Amtsaufgaben der Bischöfe stets als erstes die Wortverkündigung und dann die Sakramentsverwaltung genannt. Vorrang hat die Frohbotschaft Christi (CD 12). Betrachtet man parallel dazu die Amtsaufgaben des Priesters, die im Dekret über Dienst und Leben der Priester „Presbyterorum ordinis" (PO) beschrieben werden, dann zeigt sich an allen Ecken und Enden, dass die Priester im Gemeinden im Grunde nichts anderes zu tun haben als die Bischöfe auch. Beiden wird vorzüglich die Wortverkündigung zugeordnet.

Es ließen sich darüber hinaus auch andere Beispiele aus der reichhaltigen Geschichte der Ämter anführen, die Eines sehr deutlich machen: Letztlich kann man nur selten mit Sicherheit sagen, „welche Funktionen *im einzelnen* zu dem jeweils verschiedenen Träger derjenigen Aufgaben gehören, die aus dem *einen* Amt ausgegliedert wurden. Was konstituierte etwa den Diakon in apostolischer und nachapostolischer Zeit (bis heute) – und was war in jenen Zeiten, wo dieses ‚Amt' faktisch weithin in anderen Ämtern aufgegangen war? Es geht hier nicht um einzelne Ausnahmen, die auch anders erklärt werden können ... vielmehr um die nüchtern, vorurteilsfrei und konkret zu betrachtende *Geschichte* des ‚Ordo' mit ihren wirklichen Schwankungen und ihrer großen Variationsbreite."[127] Es bleibt am Ende nur die Schlussfolgerung, dass sich sowohl mit Hilfe der Drei-Ämter-Lehre wie auch mit dem Modell der drei Grundvollzüge keine eindeutigen Differenzierungen zwischen episkopalem, presbyteralem und diakonalem Amt vornehmen lassen.

6.8 In der Hierarchie eine Stufe tiefer?

Die Wiedereinführung des Diakonats als eigenständiges sakramentales Amt wird mit der feierlichen Schlussabstimmung am 21. November 1964 und der anschließenden Proklamation der Konstitution „Lumen Gentium" ratifiziert. Mit dem Artikel 29 im dritten Kapitel der Kirchenkonstitution über „Die hierarchische Verfassung der Kirche, insbesondere das Bischofsamt" liegt der für das Verständnis des Diakonats bedeutendste Text des Konzils vor. Er lautet:

„In der Hierarchie eine Stufe tiefer stehen die Diakone, welche die Handauflegung ‚nicht zum Priestertum, sondern zur Dienstleistung empfangen'. Mit sakramentaler Gnade gestärkt, dienen sie dem Volke Gottes in der Diakonie der Liturgie, des Wortes und der Liebestätigkeit in Gemeinschaft (*in communione*) mit dem Bischof und seinem Presbyterium. Sache des Diakons ist es, je nach Weisung der zuständigen Autorität, feierlich die Taufe zu spenden, die Eucharistie zu verwahren und auszuteilen, der Eheschließung im Namen der Kirche zu assistieren und sie zu segnen, die Wegzehrung den Sterbenden zu überbringen, vor den Gläubigen die Heilige Schrift zu lesen, das Volk zu lehren und zu ermahnen, dem Gottesdienst und dem Gebet der Gläubigen vorzustehen, Sakramentalien zu spenden und den Beerdigungsritus zu leiten. Den Pflichten der Liebestätigkeit und der Verwaltung hingegeben, sollen die Diakone eingedenk sein der Mahnung des heiligen Polykarp: ‚Barmherzig, eifrig, wandelnd nach der Wahrheit des Herrn, der aller Diener geworden ist.'

Weil diese für die Kirche in höchstem Maße lebensnotwendigen Ämter bei der gegenwärtig geltenden Disziplin der lateinischen Kirche in zahlreichen Gebieten nur schwer ausgeübt werden können, kann in Zukunft der Diakonat als eigene und beständige hierarchische Stufe wiederhergestellt werden. Den zuständigen verschiedenartigen territorialen Bischofskonferenzen kommt mit Billigung des Papstes die Entscheidung zu, ob und wo es für die Seelsorge angebracht ist, derartige Diakone zu bestellen. Mit Zustimmung des Bischofs von Rom wird dieser Diakonat auch verheirateten Männern reiferen Alters erteilt werden können, ferner geeigneten jungen Männern, für die jedoch das Gesetz des Zölibats in Kraft bleiben muß (LG 29)."

Gleich der erste Satz des Artikels hat es in sich. Er ist nachkonziliar zum Ausgangspunkt vielfältiger Diskussionen um die Theologie des Diakonats geworden. Stehen die Diakone in der Hierarchie eine Stufe tiefer? Was ist damit überhaupt gemeint? Haben sie die Handauflegung nur zur Dienstleistung empfangen und nicht zum Priestertum? Wie werden diese beiden theologisch gewichtigen Aussagen begründet und sind sie stimmig mit anderen Texten des Konzils zu verbinden? Gehen wir den Fragen im Einzelnen nach.

In der mittelalterlichen Ekklesiologie wurde das Amt konsequent in den Dienst der Sakramente gestellt, der dem Dienst an der Gemeinde eindeutig vorgeordnet war. Die Nähe zur Eucharistie gab wie bereits erwähnt das entscheidende Kriterium für die Ordnung der Ämter zueinander ab. Die Konsekrationsvollmacht machte ebenso wie die Absolutionsvollmacht eine einlinige Spender-Empfänger-Logik im Blick auf die Sakramente sichtbar und nährte überhaupt ein Denken in asymmetrischen

Kategorien der Vollmacht. Da dem Diakon sowohl die Absolutionsvollmacht fehlt wie die Konsekrationsvollmacht, steht er in der Ämterhierarchie eine Stufe tiefer als das mit diesen beiden Vollmachten ausgestattete Priesteramt. Diese Perspektive, in der die Sakramentalität der Ämter im *ordo* in ihrem jeweiligen Bezug zur Eucharistie hierarchisch bestimmt worden war, ist aber in Anknüpfung an die Praxis und Theologie der Alten Kirche fallen gelassen worden. Umso mehr überrascht die Rede vom Diakonenamt, das „eine Stufe tiefer" als das presbyterale Amt in den *ordo* gefügt ist. Geht es jetzt um eine geringere Anteilhabe an der in der Bischofsweihe verliehenen sakramentalen Fülle?

Kurz vorher wird in LG 28 auch der Diakon in die Linie der Nachfolge gestellt, die die Sendung Jesu Christi in der Sendung der Apostel und der kirchlichen Ämter fortführt. „So wird das aus göttlicher Einsetzung kommende kirchliche Dienstamt in verschiedenen Ordnungen ausgeübt von jenen, die schon seit alters Bischöfe, Priester, Diakone heißen (LG 28)." Das kirchliche Dienstamt hat also in seiner Gesamtheit Teil an der einen Sendung Jesu Christi; der Diakonat hat eindeutig Teil am Dienst der apostolischen Nachfolge, der in der Sendung Christi wurzelt. Von dorther ließe sich zwar von einer unterschiedlichen, aber nicht gestuften Weise der Teilhabe am Handeln in der Person Christi sprechen. Eine theologisch plausible Begründung dafür, dass der Diakon in der Hierarchie eine Stufe tiefer steht, wird auch an anderer Stelle nicht ersichtlich. Vielmehr deutet die Rede von der sakramentalen Fülle im Bischofsamt darauf hin, dass das Konzil das hierarchisch gegliederte Stufenmodell aufgeben will. Im ursprünglichen Text war nämlich zunächst von der „obersten Stufe des Weihesakramentes" gesprochen worden.

Nun könnte man darauf verweisen, die Diakone hätten die Handauflegung „nicht zum Priestertum (*sacerdotium*), sondern zur Dienstleistung (*ministerium*) empfangen (LG 29)." Ist damit nicht die Begründung für die tiefere Stufe in der Hierarchie gegeben? Leider greift das Konzil an dieser Stelle auf die sinnentleerte und verkürzte Formel der *Statuta Ecclesiae antiqua* zurück, die die ursprünglich dargelegte enge Verbindung von Diakonen- und Bischofsamt gar nicht mehr wiedergibt. Stattdessen wird die Funktion des Diakons lediglich unspezifisch als Dienst qualifiziert. Hat das Konzil diese Formel bewusst gewählt? Dann wollte es der Vorstellung Geltung verschaffen, dass ein wesentlicher Gehalt des *sacerdotiums* in der eucharistischen Konsekrationsvollmacht liege, die dem Diakon eben nicht zukommt. Damit würde man aber wieder in längst überholtes Denken zurückfallen. Wollte das Konzil mit dieser Formulierung den Diakon aus dem *sacerdotium* im weiteren Sinn ausschließen? Das würde allerdings in klaren Widerspruch zu LG 10, 2 führen, wo die Einheit des Weihesakramentes als „Priestertum des Dienstes oder hierarchisches Priestertum" (*sacerdotium ministeriale seu hierarchicum*) beschrieben wird. Ein Ausschluss des Diakons käme dann einer Rückversetzung in den Laienstand gleich. Genau das ist aber sicher nicht gemeint. Im Übrigen wird an dieser Stelle auch davon gesprochen, dass das gemeinsame Priestertum aller Gläubigen und das Priestertum des Dienstes einander zugeordnet sind. Die Zuordnung lässt sich am ehesten so verstehen, dass amtliche Vollzüge als institutionalisierte Vollzüge geschehen, die zugleich in gemeinsam vom Volk Gottes vollzogene Handlungen derselben Funktion eingebettet sind. So werden die Vollzüge beispielsweise des Diakons getragen von denen der Gemeinde und umgekehrt wirken sie wieder auf die Gemeinde zurück.

Selbst die Rede von der Dienstleistung (*ministerium*) in sich ist unpräzise und lässt sich nicht allein auf den Diakon beziehen. In LG 18 wie in LG 28a wird nämlich von dem einen kirchlichen Dienstamt gesprochen, das auf das Wohl des ganzen Leibes ausgerichtet ist. Letztlich kann der Diakon genauso wenig vom Priestertum des Dienstes oder vom hierarchischen Priestertum ausgeschlossen werden wie der Bischof oder der Presbyter vom kirchlichen Dienstamt! Bei näherer Betrachtung der Texte und unter Beachtung der ekklesiologischen wie amtstheologischen

Intentionen des Konzils muss man die Einleitung zu LG 29 als Reminiszenz einer hierarchisch und kultisch-sazerdotalen Ekklesiologie betrachten, die das Zweite Vatikanische Konzil aufbrechen und überwinden wollte. Wer die Logik einer hierarchisch gestuften Ämterzuordnung nachkonziliar beibehalten will, kann sich zwar auf den Wortlaut von LG 29 berufen, dem communialen Geist der überwiegenden Mehrzahl der Konzilsväter wird er indes nicht gerecht. Er unterstützt vielmehr die Vorstellung eines Kirchenverständnisses, das vom Konzil mit den Begriffen „Triumphalismus, Klerikalismus und Juridismus" kritisiert wurde. Die Vorstellung einer heiligen Hierarchie entspricht eben mehr dem Kirchenbegriff einer monarchisch strukturierten vollkommenen Gesellschaft.

Ließe sich der Akzent vom Stufendenken verlagern auf die Besonderheit der Aufgabe, die so nur dem Diakon zukommt? Sicher ist, dass auch aus den in LG 29 aufgeführten Aufgaben nicht zu erschließen ist, warum der Diakonat als eine niedere Stufe bezeichnet werden könnte. Denn insgesamt werden seine Aufgaben als Dienst in den drei Grundvollzügen beschrieben mit der Tendenz, den liturgischen Dienst des Diakons hervorzuheben; es wird also besonderer Wert auf den Dienst der Heiligung gelegt. Folglich werden Aufgaben aufgelistet, die dem Diakon in der wechselvollen Geschichte seines Amtes irgendwann einmal übertragen worden sind. Der Eindruck drängt sich auf, dass pastorale Notwendigkeiten und die Sorge um ausreichenden Priesternachwuchs die Liste diakonaler Aufgaben in LG 29 diktiert haben. Eine schöpferische Theologie des Diakonats lässt sich daraus ebenso wenig entwickeln wie eine stimmige Begründung für eine hierarchische Abstufung.

6.9 Abschließende Bemerkungen

Das Konzil hat den Diakonat in Theorie und Praxis in ein Experimentierstadium entlassen.[128] Es hat die Tür zur Wieder-Holung weit aufgemacht, ohne die Eintrittskarte in die Kirche und in den sakramentalen Ordo genau zu betiteln und zu beschriften. Auch vierzig Jahre nach Wiedereinführung des Diakonats als eigenständiges Amt in Deutschland muss das nüchtern zur Kenntnis genommen werden. Allerdings muss die Nüchternheit nicht blanker Ernüchterung weichen. Schließlich finden sich in den Konzilstexten ähnlich wie beim Diakonat zwei ekklesiologische Entwürfe nebeneinander, die so nicht leicht miteinander zu vereinbaren sind. Eine communial ausgerichtete Kirche widersetzt sich hierarchischem Denken und ebensolchen Strukturen, die einer weiteren Entfaltung der Kirche als *communio* entgegenstehen. Bei konsequenter Fortführung einer durch die überwiegende Mehrheit der Konzilsteilnehmer vertretenen *communio*-Ekklesiologie wird sich auch ein Profil des Diakonats herausschälen, das zur Zeit noch diffus zwischen verschiedenen amtstheologischen Entwürfen hindurchscheint und von einer deutlichen Kontur nach wie vor ein gehöriges Stück entfernt ist. Die Anteile des Konzils am diffusen Bild als auch das in konziliaren Ideen liegende Profilierungspotential sollen abschließend zusammengefasst werden.

Mit den Konzilstexten, die sich explizit mit dem Diakon beschäftigen, lässt sich nur schwer eine systematische Entfaltung des Diakonats vornehmen, die zu einer stimmigen Integration in den ekklesiologischen Kontext und in den sakramentalen Ordo führen würde. Zu bestimmend waren pastorale Notwendigkeiten und der befürchtete Priestermangel als Motive für die Wiedereinführung. Schaut man beispielsweise auf die liturgischen und seelsorglichen Aufgaben, die das Konzil für den Diakon aufzählt, so sieht das vordergründig so aus, als habe man nach einer pastoralen Nothilfe angesichts des Priestermangels gesucht. Bei konsequenter Ausgestaltung des gemeinsamen Priestertums aller Gläubigen könnte man vom Ansatz des Konzils her das Amt des Diakons sogar für überflüssig halten. Die nach dem Konzil neu eingeführten pastoralen Dienste haben das Dilemma zusätzlich verschärft. Nimmt man allerdings hinzu, was das Konzil über die Diakonie der Kirche (vgl. bes. LG 8), der Bischöfe und der Diakone selbst sagt, erscheint der sozialdiakonisch ausgerichtete Dienst des Diakons auch dort unentbehrlich, wo es genug Priester und aktive Laien in den Gemeinden gibt. Gleichwohl hat die umfassende Aufgabenbeschreibung in LG 29 eine breite nachkonziliare Suchbewegung hinsichtlich der spezifischen Funktion des Diakons ausgelöst, die bis heute zu keinem befriedigenden Abschluss gekommen ist. So wird das Diakonenamt den mancherorts anzutreffenden Charakter einer liturgisch-pastoralen Hilfsfunktion auch deshalb nicht so schnell verlieren, weil sein im wahren Herrenmahl grundgelegter sozialdiakonischer Schwerpunkt nicht ungeteilt Zustimmung findet.

Nun legt der Text in LG 29 selbst eine Spur für weiterführende Überlegungen, wenn er formuliert: „Mit sakramentaler Gnade gestärkt, dienen sie dem Volke Gottes in der Diakonie der Liturgie, des Wortes und der Liebestätigkeit in Gemeinschaft (*in communione*) mit dem Bischof und seinem Presbyterium." Wenn der Dienst der Diakone im Volke Gottes in communialer Weise mit dem episkopalen und presbyteralen Amt geschieht, dann dürfen sie „keinesfalls als unmittelbare Diener der Bischöfe oder gar der Pfarrer betrachtet werden: das eine ganze Amt in der Kirche dient in dreifach verschiedener Weise dem Volke Gottes. Man darf in dem „in communione' die zurzeit am ehesten mögliche Korrektur an der Auffassung einer einbahnigen Stufenleiter innerhalb der Hierarchie sehen"[129]. Sie ist deutlicher Hinweis auf die Eigenständigkeit des Diakonats und zugleich Auftrag, die Relationen in der *communio* des einen sakramentalen Amtes in seiner funktionalen Differenz zu bedenken. Die innere Einheit und Gemeinschaft sollte sich auch in den Strukturen und im alltäglichen Miteinander der Ämter abbilden.

Vor allem die Aufhebung eines kultisch-sazerdotal geprägten Amtsverständnisses zugunsten eines am Wohl des Volkes Gottes in seiner ganzen Weite orientierten Modells sorgt für die Möglichkeit einer akzentuierten Neuausrichtung des gesamten sakramentalen Amtes. Die Rede von der allen drei Weiheämtern verliehenen *sacra potestas* weckt begründete Hoffnung auf amtliche Bewegungen, die bisher nur sehr begrenzt erfolgt sind. Unterstützt wird dies durch die beiden für die konziliare Amtstheologie entscheidenden Motive: Die umfassende Sendung (*missio*) Jesu Christi und die am konkreten Heil des Menschen orientierte Diakonie (*diakonia*) sind zentral für ein Amt, das dazu dient, die Kirche als universales Sakrament des Heils im Horizont der Botschaft vom Reich Gottes lebendig zu erschließen. Die Armen sind dabei gleichsam der Ort, wo Gott in dieser Welt begegnet (vgl. Mt 25,40ff).

7. Amtstheologische Modelle

Die Ausführungen zur konziliaren Theologie des Diakonats zeigen, dass die Konzilsväter der nachkonziliaren Auseinandersetzung um das diakonale Amt quasi große Experimentierfreudigkeit verordnet haben. Nicht unerheblich ist in diesem Zusammenhang die zwiespältige Ekklesiologie des Konzils[130], die diverse amtstheologische Optionen möglich macht und unterschiedliche Zugänge zum theologischen Verständnis des Diakonats nach sich gezogen hat.

Diskussionen unter Diakonen oder Verantwortlichen für den Diakonat finden in jüngster Zeit recht schnell einen breiten Grundkonsens, wenn es um das Proprium, um das Spezifische des Diakons geht. Es wird in der Regel als Dienst der Repräsentation Jesu Christi des Dieners (*repraesentatio Christi diaconi*) bestimmt. Bei näherer Betrachtung fällt allerdings auf, dass die Übereinstimmung nur auf Kosten zahlreicher theologischer Spannungen gelingt, die bei differenzierter Betrachtung nicht aufgelöst werden können. Wenn man nämlich diese Repräsentation als sein Proprium definiert, muss man zugleich Antworten finden auf folgende Fragen: Was bedeutet Repräsentation? Ist damit eine Grundhaltung oder auch eine Funktion gemeint? Wie verhält sich diese Form der Repräsentation zu der des Priesters und der des Bischofs? Wie verhält sich der Dienst zu einer wie immer auch gearteten Leitungsverantwortung? Wie ist der Amtsbegriff gefüllt? Warum wird der Diakon geweiht und nicht etwa gesandt? Wie lässt sich also die Sakramentalität des Amtes begründen? Worin besteht die Einheit der sakramentalen Ämter? Wie ist der Diakon mit Bischof und Priester verbunden? Ohne ein stimmiges Gesamtkonzept erweist sich die oben genannte Bestimmung seines Propriums als sehr anfällig für Kontroversen und zugleich lassen sich unterschiedliche Amtsmodelle daraus entwickeln, die nicht alle miteinander kompatibel sind.

Das Salz in der Suppe amtstheologischer Debatten ist zweifelsohne die ungeklärte Zuordnung von Presbyterat und Diakonat zueinander und beider Ämter zum Bischofsamt. Das bedeutet allerdings auch, dass viele Fragen erst gar nicht aufkommen, solange nur das Proprium des Diakonats ohne das der beiden anderen sakramentalen Ämter diskutiert wird. Die amtstheologische Suppe wird serviert, schmeckt ein wenig fad, wird aber zufrieden ausgelöffelt; verschlucken kann man sich nur in Ausnahmefällen. Deshalb sollen an dieser Stelle drei Entwürfe bedacht werden, die die drei sakramentalen Ämter einander auf unterschiedliche Weise zuordnen. Dabei stehen Modelle, die sich an einer hierarchisch-juridischen Ekklesiologie orientieren, unversöhnt neben Positionen, die als Ausgangspunkt ihres Denkens die konziliare Leitidee der *communio* gewählt haben. Daraus haben sich neben dem traditionellen, hierarchisch strukturierten Amtsverständnis komplementäre Modelle entwickelt und etabliert, die neben einer Eigenständigkeit des Diakonats bisweilen auch eine Gleichrangigkeit von Presbyterat und Diakonat in einer bipolaren Zuordnung der beiden Ämter postulieren.

Schon unmittelbar nach dem Konzil lagen die ersten Entwürfe eines komplementären Amtsverständnisses vor[131]; sie sind bis heute immer wieder verfeinert und neu akzentuiert worden. In der Form, die zuletzt W. Kasper als Bischof von Rottenburg-Stuttgart vorgelegt hat[132], ist das komplementäre Amtsmodell Grundlage der Ausbildung und des Einsatzes der Diakone in vielen deutschen Bistümern. Allerdings findet sich auch ein sazerdotal ausgerichtetes und hierarchisch strukturiertes Modell in einigen Diözesen. Die bipolare Zuordnung von Diakon und Presbyter ist dagegen zwar nicht theologische Utopie, lebt aber zurzeit noch von der visionären Kraft und Hoffnung auf eine veränderte pastorale Praxis in der nahen Zukunft. Die Modelle sollen im Folgenden dargestellt und auf ihre theologische Stimmigkeit hin überprüft werden.

7.1 Das komplementäre Amtsmodell

Ausgangspunkt der komplementären Modelle ist die im Bischofsamt gegebene sakramentale Fülle des Amtes. Der Episkopat und nicht mehr das Sazerdotium wird damit gemäß dem Anliegen des Konzils zum Konstruktionspunkt des Amtes. Diakone und Presbyter haben an dem einen sakramentalen Amt auf je spezifische Weise Anteil. Beide sind Mitarbeiter des Bischofs und handeln vor Ort als seine Stellvertreter. Bischof, Presbyter und Diakon haben also in je unterschiedlicher Weise Anteil an der einen Sendung Jesu Christi. „Der Bischof hat zu seiner Unterstützung sozusagen zwei Arme, die jeweils unterschiedliche Aufgaben haben, die aber zusammenarbeiten müssen."[133]

Dienste und Ämter der Kirche sind in diesem Modell gemäß dem neuen Ansatz des Konzils auf das Wohl des ganzen Leibes ausgerichtet. Als Volk Gottes stehe die Kirche als Ganze im Dienst an der Sendung Jesu Christi, der sich ganz seinem Vater und ganz den Menschen zu ihrem Heil hingegeben hat. So sei die Kirche Lebens- und Glaubensgemeinschaft, die den Weg des Dienens, der Hingabe an die Armen und Ausgegrenzten gehe. Dergestalt stelle sie sich in den Dienst der Stellvertretung Jesu Christi. Eine innere Amtsstrukturierung ergebe sich durch das Modell gestufter Anteilgabe an der Fülle der Sendung Jesu, die er an die Apostel und deren Nachfolger weitergegeben habe. Das Amt stelle sich in den Dienst der öffentlichen, bevollmächtigten, verantwortlichen Entfaltung der Sendung Jesu Christi in der Kirche und der Gesellschaft. Dafür werden Personen in Dienst genommen, die ihr Leben dieser Aufgabe unterstellen.

Leitmotive dieses Amtsverständnisses sind also weder Jurisdiktion, Hierarchie noch kultisch-sazerdotale Kategorien. Vielmehr ergibt sich aus der konziliaren Leitidee der *communio* im sakramentalen Amt eine je unterschiedlich akzentuierte Gesamtrepräsentation der einen Sendung Jesu Christi.

Im hier vorgestellten Modell wird nun das Amt nicht nur im allgemeinen Sinn als Repräsentation Christi (*repraesentatio Christi*) verstanden; dem sakramentalen Amt komme vielmehr die repraesentatio Christi des Hauptes der Kirche zu (*repraesentatio Christi capitis ecclesiae*). Und da Christus Herr und Haupt seiner Kirche ist, hat das sakramentale Amt als sakramentales wesentlich eine Leitungsfunktion. Der Sakramentalität korrespondiere also die Leitungsfunktion. Im NT werde zugleich der Dienstcharakter leitender Funktionen durchgängig betont und als Zurüstung der anderen Dienste für ihren Dienst verstanden. Auch die Diakone haben demgemäß Anteil an der sakramentalen *repraesentatio* Jesu Christi als Herr und Haupt seiner Kirche.

Als Mitarbeiter des Bischofs arbeiten Presbyter und Diakone in unterschiedlichen Aufgabenbereichen und haben in je unterschiedlicher und nicht bloß abgestufter Weise Anteil an der einen Sendung Jesu Christi. In LG 29 gehe es eben nicht um eine Unterordnung des Diakons unter den Presbyter, sondern um die geringere Anteilhabe des Diakons am Amt des Bischofs. Die dort gebrauchte Formel „*non ad sacerdotium, sed ad ministerium*" wolle also die Eigenständigkeit des Diakonenamtes betonen. Der Diakonat habe eben nicht nur den Charakter einer Durchgangsstufe auf einer hierarchisch formierten Amtsleiter.[134]

Da nun Christus selbst sich erniedrigt und zum Sklaven aller gemacht hat (Phil 2,7f; Mk 10,45), könne es eine Kirche ohne Diakonie nicht geben. Der Herr habe im Kontext des Letzten Abendmahles nicht nur das priesterliche Dienstamt eingesetzt; in der parallel zum Letzten Abendmahl Jesu erzählten Fußwaschungsszene im Johannesevangelium (Joh 13,1–17) könne man die Stiftung des Diakonats sehen. Die Weihe *ad ministerium* bedeute dann für den Diakon, dass ihm die Diakonie in besonderer Weise aufgegeben sei. Die Anteilhabe des presbyteralen Amtes am Bischofsamt sei als Repräsentation Christi des Hauptes und der ganzen Kirche (*repraesentatio Christi capitis et unitatis ecclesiae*) zu beschreiben. Der Diakon stehe für die Repräsentation Christi des Dieners und der dienenden Kirche (*repraesentatio Christi diaconi et ecclesiae servientis*). Auch unter Berücksichtigung der biblischen und frühkirchlichen Ursprünge könne das Proprium des Diakonats nur in der *repraesentatio Christi diaconi* bestehen. „In Vertretung des Bischofs vor Ort und in Zusammenarbeit mit den Priestern leitet, d. h. inspiriert und motiviert er die Diakonie der Gemeinde. So haben die Diakone aufgrund ihrer Teilhabe am Amt im Hinblick auf die Diakonie auch Anteil an der kirchlichen Leitungsvollmacht. Diakonat als ordiniertes Amt verdeutlicht, dass Diakonie eine wesentliche Dimension kirchlicher Leitungsverantwortung ist.“[135] Der Diakon nehme am diakonalen Auftrag des Bischofs teil, ohne einseitig sozialdiakonisch tätig zu werden. Vielmehr sind dem Dienst des Diakons alle drei Grundvollzüge kirchlichen Lebens unter dem Gesichtspunkt der *diakonia* im engeren Sinn aufgetragen.

Das komplementäre Amtsmodell in der hier vorgelegten Form versucht die Eigenständigkeit des Diakonats hervorzuheben und folgt darin den Vorgaben des Konzils. Insbesondere wird das Bischofsamt zum Konstruktionspunkt des sakramentalen Amtes gemacht und die kultisch-sazerdotale Verengung amtlich-hierarchischen Selbstverständnisses überzeugend aufgehoben. Das eine, dreigliedrige sakramentale Amt strukturiert sich gemäß einer gestuften Anteilgabe an der einen Sendung Jesu durch den Vater. Die sakramentale Indienstnahme verleiht eine Christusunmittelbarkeit. Sie drückt sich konkret aus in einer gewissen Eigenständigkeit und Eigenverantwortung des Presbyters und des Diakons. Beide sind in Dienst genommen für die öffentliche, bevollmächtigte und personal gebundene Entfaltung der einen Sendung Jesu Christi. Damit steht das sakramentale Amt in seiner dreifachen Ausfaltung immer im Dienst der Leitung. Also hat natürlich auch das Amt des Diakons aufgrund seines sakramentalen Charakters Anteil an der Leitungsvollmacht. Das ist wichtig, denn sein als *repraesentatio Christi diaconi* vorgestelltes Proprium könnte zur Annahme führen, er sei lediglich Diener und nicht auch mit Leitungsvollmacht betraut. Sein Dienst vollzieht sich in den drei Grundvollzügen der Gemeinde, in der Diakonie hat er Anteil am Leitungsamt. Daraus ergibt sich schlüssig die Bestimmung seines Propriums als *repraesentatio Christi diaconi et ecclesiae servientis*. Das episkopal-presbyterale Leitungsamt steht im Dienst der universalen *repraesentatio Christi capitis et unitatis ecclesiae*.

Genau an dieser Stelle wird allerdings die gravierende Spannung sichtbar, die das Modell nicht auflöst. Die Presbyter, die in Einheit mit ihrem Bischof ein einziges Presbyterium bilden (vgl. LG 28), sollen den Bischof vor Ort vertreten. Daraus ergibt sich konkret vor Ort auch eine Zuordnung des Diakons zum presbyteralen Leitungsamt, die sich in der Regel als inhaltliche und formale Unterordnung gestaltet. Wird damit aber nicht auch der Grundvollzug der Diakonie, für die der Diakon geht und steht, den anderen Grundvollzügen der Liturgie und Martyrie untergeordnet. Das Bild der zwei Arme des Bischofs müsste im Grunde korrigiert werden: Der Diakon hängt am langen Arm des Bischofs und wird zur helfenden Hand des Presbyters. Seine Eigenständigkeit kann schnell nahezu aufgesogen werden. Vielleicht ist das Bild der beiden Arme auch schlicht irreführend. Es suggeriert nämlich die Eigenständigkeit und die gleichwertige Teilhabe des presbyteralen und diakonalen Amtes an der im Bischofsamt gegebenen sakramentalen Fülle. Solange der Presbyter aber gleichzeitig den Bischof vor Ort vertritt, Christus das Haupt der Kirche repräsentiert in seiner Funktion als Gemeindeleiter und im Eucharistievorsitz, kann der Diakon gar kein stimmiges Gegenüber sein. Er repräsentiert Christus den Diener und wird nicht allzu selten auch zum Diener bzw. Helfer des Gemeindeleiters oder zum diffusen Lückenfüller pastoraler Notwendigkeiten. Es bleibt die Frage: Wie kann er das wesentliche Grundcharakteristikum seines Amtes, die *repraesentatio Christi diaconi*, in der Gemeinde eigenständig und verantwortlich in Erinnerung bringen und das Volk Gottes dafür sensibilisieren und motivieren?

Die Diakonie der Gemeinde, für die er wesentlich einsteht, darf ja schließlich nicht herabgestuft werden zum Hilfsdienst, zur Vorfeldarbeit oder zu einer unbedeutenden Randerscheinung im weiten Feld der Pastoral. Theologisch formuliert: Der Ort des Diakonats innerhalb des einen sakramentalen Amtes entspricht nicht der Bedeutung der dem Diakon übertragenen *repraesentatio Christi diaconi*, die der *repraesentatio Christi capitis* keinesfalls nachgeordnet werden dürfte! An dieser Stelle scheint der Entwurf noch ausbaufähig und präzisionsbedürftig. In dieser Form trägt das Modell jedenfalls eine Tendenz zur Abspaltung bzw. Unterordnung der diakonalen Dimension der Kirche in sich, die es eigentlich aufheben will.

7.2 Die bipolare Zuordnung von Presbyter und Diakon

Der Theologe B. J. Hilberath, der dieses Modell vorgestellt hat, greift die konziliare Leitidee der Kirche als *communio* auf und entwickelt daraus theologische Kriterien für die Zuordnung von Presbyterat und Diakonat.

Die spannungsvolle Einheit von *communio* und *missio* stellt für ihn die doppelteine Grunddimension der Kirche dar. Die Kirche lebe also nicht aus sich selbst, sondern aus dem Heilshandeln des dreieinigen Gottes, und sie lebe ebenso wenig für sich selbst, sondern um das Heil Gottes in der Welt zu bezeugen, zu leben und zu feiern. Diese beiden Spannungspole des Nicht-aus-uns-selbst und des Nicht-für-uns-selbst drücken sich in der bipolaren Zuordnung von Presbyterat und Diakonat aus.

In den Konzilsdokumenten diene die Idee der *communio* u. a. auch zur Charakterisierung universalkirchlicher und ortskirchlicher Bezüge. Sie charakterisiere also auch die Beziehung der Presbyter und Diakone zu ihrem Bischof. Vor allem die Grundintention von Lumen Gentium erschließe sich vor dem Hintergrund der Communio-Ekklesiologie. Die Leitidee des Konzils sei also auch auf die hierarchisch-juridischen Geist atmenden Formulierungen in LG 29 anzuwenden und inhaltlich für das Verständnis des sakramentalen Amtes fruchtbar zu machen. So bedeute *communio* zuerst Teilhabe (*participatio*) an den von Gott geschenkten Gütern des Heils. Die Kirche lebe aus dem Heilshandeln des dreieinigen Gottes. Diese innere Gründung müsse sich nun auch in den Strukturen der Kirche abbilden. Damit rücke das Verhältnis von *Communio*-Mysterium und *Communio*-Struktur in den Blickpunkt. Die Gemeinde, die Zeichen und Werkzeug des Reiches Gottes sein soll, müsse sich fragen, wie sie ihre Verwurzelung in Gott ebenso öffentlich darstellen kann wie ihre Aufgabe, Reich Gottes zu verwirklichen. Auch wenn Heil und Heilung in dieser Welt immer nur begrenzt und vielfach gebrochen gelingen kann, so komme der Diakonie in dieser Hinsicht besondere Bedeutung zu. Die Grundvollzüge sind im Zusammenspiel zwar gleichberechtigt, gleichwertig und ohne die anderen nicht sie selbst; aus der Reich-Gottes-Praxis Jesu werde allerdings deutlich, dass die *diakonia* als Dienst am Nächsten die Antwort des Menschen auf Gottes Dienst an ihm selbst ist.[136] Die Rede von der Kirche als Sakrament werde vor allem in ihrer diakonischen Grundstruktur sichtbar. Darin richte die Nachfolgemeinschaft sich aus an Jesus Christus, der sich selbst zum Diener aller gemacht hat. Die sakramentale Dimension der Kirche habe also ein diakonisches Gesicht und das diakonische Handeln habe sakramentalen Charakter.

Innerhalb der einen Sendung der Gemeinde werden sodann einige der charismatischen Dienste amtlich wahrgenommen. Von Anfang an gehöre zur christlichen Gemeinde die Doppelstruktur von Gemeinde und Amt. In der Gemeinde nehme der ordinierte Dienst seine Aufgabe *an* der Gemeinde dadurch wahr, dass der Dienst auch *gegenüber* der Gemeinde wahrgenommen werde. Der Amtsträger stehe also in der Gemeinde und sei Christ wie jeder andere; und er stehe ihr gegenüber, wo er die für ihn entscheidenden Funktionen wahrnehme.[137] Nun übernehmen bestimmte Personen für einen bestimmten Zeitraum, gegebenenfalls ein Leben lang, in öffentlicher Verantwortung einen charismatischen Dienst. Innerhalb der charismatischen Dienste wiederum gebe es die ordinierten Dienste des Bischofs, Presbyters und Diakons, die sich schon früh als konstitutiv für die Kirche erwiesen hätten. Ihnen komme die Aufgabe zu, beständig und öffentlich an die doppelteine Grunddimension des Nicht-aus-sich-selbst und des Nicht-für-sich-selbst zu erinnern und die Grundvollzüge der Gemeinde transparent auf die Grunddimensionen *communio* (Gemeinsamkeit) und *missio* (Sendung) hin zu halten. In diesem Sinn handelten sie in der Person Jesu Christi (*agere in persona Christi*) und in der Kraft des heiligen Geistes. Da ihr Dienst für die Gemeinde konstitutiv ist, wird er durch Ordination übertragen.

Anders als im komplementären Modell betrachtet Hilberath die Differenzierung des Handelns in der Person Christi des Hauptes (*agere in persona Christi capitis*) durch den Presbyter und der des Dieners (*agere in persona Christi diaconi*) durch den Diakon äußerst kritisch. Sie sorge nur für eine Identifizierung des Presbyters mit dem Herrn und Haupt der Kirche. Die Funktion der Leitung durch ihn profiliere sich dann auf Kosten der ebenso elementaren Funktionen des Verweisens, des Sendens und Zusagens. Der Presbyter diene dagegen vielmehr der Einheit und Vielfalt der Charismen durch stete Erinnerung an die Grunddimension des Nicht-aus-uns-selbst, durch Verweis auf das uns von Gott zugesagte Heil (*extra nos*). Ihm komme die Aufgabe der *geistlichen* Leitung und Begleitung zu. Da sich die Grunddimension des Nicht-aus-uns-selbst und die Sendung zur Umsetzung im konkreten Leben wesentlich im Wort ereigne und in sakramentalen Feiern verdichte, ergebe sich für den Dienst des Presbyters ein Schwerpunkt in der *martyria*, der sich in der *leiturgia* verdichte.

Im Sinne einer ausbalancierten Theologie des ordinierten Dienstes ergebe sich für das Amt des Diakons, dass er den Aspekt des Nicht-für-uns-selbst in Erinnerung rufe und in der Liturgie sichtbar mache. Der Diakon sei nicht die dritte Stufe im ordinierten Dienst, die auch vom Presbyter oder vom Bischof übernommen werden könne. Seine Funktion liege in der steten Erinnerung an die doppelteine Grunddimension. Sein Akzent sei dabei der Verweis auf das für uns und für alle des Heilshandelns Gottes. Der Weg des Diakons sei eben nicht nur der von der Liturgie zur Diakonie; primär komme er vom diakonischen Dienst in die liturgische Versammlung, in der immer neu Zusage und Aussendung geschehe. Der Diakonat sei also kein Durchgangsstadium zum Presbyterat, keine verdünnte Form der *martyria*, keine Ersatzfunktion bei der Liturgie. Es ist ein eigenständiger Dienst, der eine besondere Nähe zum sozialdiakonischen Aufgabenfeld hat. Als Konsequenz ergebe sich aus diesem Ansatz, dass in jeder Gemeinde oder jeder Pfarreiengemeinschaft wenigstens ein Presbyter und ein Diakon seinen Dienst tun müsse.

Schauen wir auf eine Einordnung und vorläufige Bewertung des Konzeptes. Das bipolare Amtsmodell macht den Grund kirchlicher Sendung und den Orientierungspunkt amtlichen Handelns im Heilshandeln des dreifaltigen Gottes fest. Die Communio-Ekklesiologie des Konzils dient als Grundlage amtstheologischer Erwägungen. Das macht den Entwurf besonders wertvoll. Darüber hinaus nutzt das Konzept den Gestaltungsspielraum, der in der langen und variantenreichen Geschichte des Ordo seit jeher sichtbar geworden ist, für die Zuordnung der sakramentalen Ämter voll aus. Konstanten des ordinierten Dienstes sind lediglich Beständigkeit, Öffentlichkeit und erinnernde Verweisfunktion. Stimmig ist das Modell auch deshalb, weil es weder sazerdotal-kultische Ansätze noch klassische *repraesentatio*-Momente bemüht, um die Zuordnung der Ämter zueinander in eine griffige Formel zu bringen. Auch das bisher immer wieder für Irritationen sorgende Dienstmotiv wird konsequent als grundlegende Dimension aller Ämter und Dienste in der Kirche beschrieben. Wenn aber der Dienstcharakter durchgängiges Vorzeichen des gesamten sakramentalen

Amtes ist, dann macht es keinen Sinn, nur einem Amt die *repraesentatio Christi diaconi* als charakteristisches Spezifikum zuzuordnen. Ebenso lässt sich das presbyterale Amt nicht als Repräsentation Jesu Christi als Herr und Haupt der Kirche beschreiben. Beide Ämter handeln schlicht in der Person Christi (*agere in persona Christi*) und erinnern die Kirche an die entscheidenden Identitätspole der Nachfolge, die sich in *communio* und *missio* ausdrücken. Das Amt dient also der Kirche, die immer zugleich in Beziehung zu Gott und zum Heil der Welt steht.

Vielleicht ist der größte Gewinn dieses Modells darin zu sehen, dass es konsequent alte, tief gefurchte Denkstrukturen verlässt. Dem Diakon wird erstmals ein aus seiner Funktion heraus stimmig erschlossener Ort im sakramentalen Ordo zugewiesen, ohne dass ein einseitig funktionales Amtsverständnis bemüht würde. Der ordinierte Dienst weist stellvertretend auf die fundamentale Abhängigkeit der Kirche von Jesus Christus hin und er bezeugt, dass die Kirche nicht aus sich selbst lebt und nicht für sich selbst da ist.[138] Ein weiteres Moment ist abschließend hervorzuheben. „Wenn Kirche mit dem zweiten Vatikanischen Konzil als Sakrament beschrieben wird, dann wird sie beschrieben als ein äußeres Zeichen, das eine innere Gnade realisiert. Ein Zeichen, das aber das Gegenteil von dem bezeichnet, was sein inneres Wesen ist, taugt zu nichts mehr. Deswegen ist es aus theologischen Gründen wichtig, daß die Strukturen der Kirche Strukturen der Gemeinsamkeit sind, wenn es denn stimmt, daß Kirche in ihrem innersten Wesen Teilhabe, gemeinschaftliche Teilhabe an der Gemeinschaft des dreieinigen Gottes ist."[139]

7.3 Das hierarchische Stufenmodell

Eine ganz andere theologische Bestimmung des Diakonats begegnet uns im hierarchisch strukturierten Amtsmodell. Auch hier wird der Diakon in seiner Teilhabe am kirchlichen Dienstamt zunächst als ein besonderes Zeichen des dienenden Christus verstanden. Das zieht allerdings völlig andere Konsequenzen nach sich als beispielsweise im komplementären Entwurf. Im hierarchischen Stufenmodell wird der Diakon zur untersten Stufe der amtlichen Hierarchie.[140]

Die vom Zweiten Vatikanischen Konzil hervorgehobene sakramentale Grundstruktur wird auch im Stufenmodell zum entscheidenden Gestaltprinzip der Kirche und des Amtes in ihr. Die sichtbare Gestalt der Kirche verdanke sich nämlich dem Wirken des Geistes, so dass sich in ihr zugleich ihr sakramentales Wesen anzeige. Die sichtbare und die unsichtbare Dimension der Kirche bestimmten also das Wesen der einen Kirche und legten sich wechselseitig aus. So finde die Verfassung der Kirche ihren Ursprung im Heiligen, im geschichtlich verwirklichten Heilsplan Gottes und werde deshalb hierarchisch genannt. Zum Leben der Kirche als Sakrament des Heils gehöre eine abbildliche, also sakramentale Repräsentation Christi. Christus als Haupt der Kirche müsse im Gegenüber zur Kirche als Leib Christi personal repräsentiert werden. Schließlich sei Jesus Christus selbst Urbild und Vorbild des Hirtenamtes der Apostel. In der Nachfolge der Apostel seien die Presbyter und Bischöfe zeichenhafte Vergegenwärtigung Christi, des Priesters und Hirten. Da die Titel Presbyter (*presbyteros*) und Bischof (*episkopos*) schon in den späteren Schriften des NT miteinander verschmelzen würden, müsse von der ursprünglichen Identität der beiden ausgegangen werden. Es gebe also schon seit jüngster Zeit in jeder Ortskirche ein Kollegium von Hirten der Gemeinde und Lehrern des Evangeliums, deren Vorsitzender den Titel Bischof trage. Ihm und seinem Presbyterium sei ein Personenkreis zugeordnet, der die Amtsbezeichnung Diakon (*diakonos*) erhalten habe. Schon die Berufung der sieben Männer in Apg 6,1–6 zeige die Aufgliederung des Apostelamtes in verschiedene Dienstbereiche. Der Bericht könne zwar nicht schlicht als Einsetzung des Diakonenamtes als unterste Stufe des sakramentalen Amtes verstanden werden. Deutlich werde allerdings, „daß sich die Verselbständigung eines eigenen Amtes als Dienst an den Menschen besonders in ihren leiblichen und seelischen Nöten dem Wirken des Geistes in der Urkirche und der Initiative der Apostel verdankt, ‚indem sie sieben Männer von gutem Ruf und voll Geist und Weisheit erwählten und sie zu diesem Amt einsetzten' (Apg 6,4)."[141] Somit lasse sich die Lehre von den zwei heiligen Weihen, eben der des Sazerdotiums und der des ministerialen Diakonats, bis ins Neue Testament zurückverfolgen. Der Diakon stelle also die Stufe des Dienstamtes dar, die vor allem eine Hilfe und ein Dienst für den Leitungsdienst des Bischofs und seines Presbyteriums sei. Er empfange die Handauflegung zur Dienstleistung in den Grundvollzügen *martyria*, *diakonia* und *leiturgia*. Zugleich verleihe die Diakonenweihe eine heilige Vollmacht und habe unlösbaren sakramentalen Charakter. Somit unterscheide sich der diakonale Dienst im Weiheamt von den Diensten der Laien dadurch, dass er den Heilsdienst Christi vom Haupt zum Leib hin repräsentiere. Die Tätigkeit selbst könne den Unterschied schließlich nicht begründen, denn im Notfall könne der Laie alle Tätigkeiten des Diakons ausführen. Eine Funktion als Kern einer Wesensbestimmung komme somit nicht in Frage. Vielmehr müsse die Weihe als Quelle der diakonalen Funktionen verstanden werden; einem dynamischen Ursprungsgeschehen gleich gingen aus ihr die diakonalen Aufgaben hervor. Sie qualifiziere den Geweihten definitiv von Gott her und sage dem Empfänger die Gnade zu, die die Person zum Repräsentanten des helfenden, zubereitenden und austeilenden Heilswirkens Christi mache.

Es ist erstaunlich, dass viele der im komplementären Amtsmodell enthaltenen Optionen zum Verständnis des Diakonats auch hier auftauchen und doch zu einem völlig anderen Schluss führen. So ist hier wie dort von der Repräsentanz des dienenden Christus im Amt des Diakons die Rede. Der Dienst an Menschen in leiblichen und seelischen Nöten findet in beiden Modellen ebenso Erwähnung wie die Tätigkeit in allen drei Grundvollzügen der Gemeinde. Und doch betont das eine Modell die Eigenständigkeit des Diakons und seine Teilhabe an der Leitungsvollmacht, während im hierarchischen Stufenmodell der Diakon zum Diener des Bischofs und Presbyters wird. Ihm kommt der Dienst des Helfens, des Zubereitens und Austeilens zu.

Das hierarchische Stufenmodell ordnet die Diakone als geweihte Hilfskräfte in die Einheit des sakramentalen Amtes ein. Die Vertreter argumentieren vor allem mit der in LG 28a und LG 29a formulierten abgestuften Einheit des Amtes und berufen sich zugleich auf ein in den Konzilstexten manifestiertes hierarchisch-juridisches Selbstverständnis der Kirche. In diesem Entwurf bildet das *sacerdotium* den Kern des von seinen Vollmachten her definierten Weihesakraments, an dem der Bischof und sein Presbyterium Anteil haben. Die Weihe stiftet hier eine personale Relation zu Christus, die dem Empfänger eine Qualifikation von Gott her schenkt und ihn als Person Christus gleich gestaltet und der Gemeinde gegenüberstellt. Sein Wesen hat aber nichts mit seiner Funktion zu tun, schließlich hat der Diakon aufgrund seiner Weihe ja gar keine andere, quasi aus der Weihe ihm zufließende Funktion erhalten. Neben aller Kritik an der in diesem Modell eingebrachten hierarchisch und kultisch-sazerdotal orientierten Ekklesiologie bleibt eine große Skepsis, ob der Diakon nicht zwischen dem mit kultisch-sazerdotalen Vollmachten ausgestatteten hierarchischen Priestertum und dem gemeinsamen Priestertum zerrieben wird. Wie lässt sich in einem mit Vollmachten operierenden sakramentalen Amtsverständnis die Sakramentalität eines Amtes begründen, das durch die Weihe gar keine spezifischen Vollmachten übertragen bekommt? Müsste man nicht die Sakramentalität des Diakonats grundsätzlich in Zweifel ziehen? Das Modell geht einen anderen Weg und entwertet letztlich das vom Konzil wiederentdeckte und betonte gemeinsame Priestertum aller Getauften. Der Diakon wird nämlich zur geweihten Hilfskraft, die, ausgestattet mit sakramentaler Gnade, der Gemeinde gegenübertritt, als wäre durch die Weihe ein qualitativer Umschlag bisher schon geleisteter Dienste vollzogen. Warum muss aber der Diakon geweiht werden, wenn er lediglich unterschiedliche diakonale Funktionen ausübt, die er auch ohne sakramentale Amtsgnade ausüben könnte? Viele Männer, die Diakon werden wollen, sind schließlich schon vor der Weihe im sozialdiakonischen Feld tätig. Wieso machen also die unterschiedlichen diakonalen Funktionen die unterste Stufe des Weihesakramentes aus? Es sieht so aus, als ob die Laien in der Kirche anders dienen als die Diakone, die zwar das Gleiche tun, aber dafür mit einer besonderen Gnadengabe ausgestattet werden. Im Übrigen darf bezweifelt werden, dass der Gleichwertigkeit der Grundvollzüge Nachdruck verliehen werden kann, wenn der diakonale Grundvollzug der Kirche einem Hilfsdienst zukommt. Letztlich manifestiert der Entwurf eine strukturelle Nachrangigkeit des diakonalen Dienstes und eine amtstheologische Bedeutungslosigkeit des Diakons. Der Diakon ist im liturgischen Bereich ebenso überflüssig wie im sozialdiakonischen Feld. Wozu braucht man ihn also?

Bisweilen wird eine leicht modifizierte Form des hierarchischen Stufenmodells eingebracht und dem Diakon eine Brückenfunktion zwischen Priester und Laien zugewiesen. Der Diakon könne gleichsam als mittlerer Stand zwischen Hierarchie und Volk Gottes seinen Dienst tun.[142] Seine besondere Nähe zur Gemeinde könne die Ebenbürtigkeit und Gleichheit aller Christen bestärken. Er würde also helfen, jenen falschen Abstand zwischen Klerus und Laien zu überwinden. Das darf allerdings bezweifelt werden, wird doch eine Hierarchisierung der Kirche durch diesen Zwischendienst strukturell noch verfestigt und durch eine weitere Stufe angereichert.

8. Profilierungsschritte

Ihren systematischen Ausgangspunkt finden die folgenden Profilierungsschritte im amtstheologischen Modell der bipolaren Zuordnung von Presbyterat und Diakonat. Dieser Entwurf wird in entscheidenden Punkten der neutestamentlichen Grundlegung des Diakonats gerecht. Die unlösbare Einheit von Gottesdienst und Nächstendienst, die in der wahren Feier des Herrenmahls Gestalt gewinnt und zur Quelle und zum Höhepunkt gemeindlichen Lebens in der Nachfolge Jesu Christi wird, bildet sich im dualen Amt ebenso ab wie die konziliare Leitidee der Communio. Die weiteren wichtigen Vorgaben des Zweiten Vatikanischen Konzils für das eigenständige sakramentale Amt des Diakons finden in diesem theologischen Entwurf zudem ihre stimmigste Umsetzung.

8.1 Das Wesen der Kirche spiegelt sich im Wesen des sakramentalen Amtes wider

Das Amt in der Kirche ist von alters her Dienst an der Sendung der Kirche. Es erinnert die Nachfolgegemeinschaft Jesu Christi an ihren Sendungsauftrag. Insofern ist das sakramentale Amt nicht allein Dienst am Wort oder Dienst an der Leitung. Als sakramentale Einheit in funktionaler Differenz steht und geht das dreigliedrige Amt für den umfassenden Sendungsauftrag Jesu Christi, der durch das Konzil in der Drei-Ämter-Lehre beschrieben wird. Zentrales Kennzeichen der Sendung Jesu Christi ist aber, „,den Armen frohe Botschaft zu bringen, zu heilen, die bedrückten Herzens sind' (Lk 4,18), ‚zu suchen und zu retten, was verloren war' (Lk 19,10). In ähnlicher Weise umgibt die Kirche alle mit ihrer Liebe, die von menschlicher Schwachheit angefochten sind, ja in den Armen und Leidenden erkennt sie das Bild dessen, der sie gegründet hat und selbst ein Armer und Leidender war. Sie müht sich, deren Not zu erleichtern, und sucht Christus in ihnen zu dienen (LG 8)." Ein wesentliches Kennzeichen seiner Apostolizität ist für das Amt demzufolge Leidenssolidarität mit den Armen. Es überrascht deshalb auch nicht, dass sowohl in der Feier der Bischofsweihe wie in der Feier der Priester- und Diakonenweihe der Kandidat gefragt wird: Bist du bereit, den Armen und Kranken beizustehen und den Heimatlosen und Notleidenden zu helfen?

Ein funktionaler Schwerpunkt eines Amtes bedeutet also nicht, dass die anderen Ämter von dieser Aufgabe suspendiert wären. Vielmehr spielen alle das Spiel ganz, alle dienen der Gemeinde in allen Grundvollzügen und in den beiden Grunddimensionen gemeindlichen Lebens, jedes der drei sakramentalen Ämter aber auf je spezifische Weise. So findet die Anteilhabe an der umfassenden Sendung Jesu Christi ihre je spezifische Gestalt, wobei alle drei Ämter Teil haben an der Weitergabe der apostolischen Tradition.

Das ökumenische Lima-Papier, dem im folgenden Punkt die Glaubenskongregation nicht widersprochen hat, hat 1982 die grundlegende Aufgabe des ordinierten Dienstes in der Kirche wie folgt beschrieben: „Um ihre Sendung zu erfüllen, braucht die Kirche Personen, die öffentlich und ständig dafür verantwortlich sind, auf ihre fundamentale Abhängigkeit von Jesus Christus hinzuweisen, und die dadurch innerhalb der vielfältigen Gaben einen Bezugspunkt ihrer Einheit darstellen. Das Amt solcher Personen, die seit sehr früher Zeit ordiniert wurden, ist konstitutiv für das Leben und Zeugnis der Kirche." Und weil sich das Wesen der Kirche im Amt spiegelt und nicht irgendwelche Nebensächlichkeiten, steht es auch ein für die wesentlichen Funktionen der Kirche. Damit die stets erhalten und erinnert werden, werden dafür Personen amtlich, d. h. öffentlich, unumkehrbar, auf Dauer in Dienst genommen. Und weil sie eine unverzichtbare, unerlässliche Funktion, gebunden an ihre Person, ausüben, wird der Geist Gottes für sie erbeten, werden sie sakramental-amtlich in Dienst genomen und nicht lediglich durch eine Sendungsfeier oder durch Verleihung der *missio*.

8.1.1 Stellvertretung statt Repräsentation

In der Amtstheologie wird immer wieder davon gesprochen, dass das sakramentale Amt in der Kirche Christus repräsentiere. Amt sei *repraesentatio Christi*. Und zugleich repräsentiere es die Kirche, das Amt sei also *repraesentatio Christi et ecclesiae*. Wie muss man diesen Dienst der Repräsentation verstehen? Ist mit dem Begriff der *repraesentatio* heute noch stimmig das einzuholen, was ein sakramentales Amt ausmacht, was ihm Identität verleiht? Und lässt sich mit einer Unterscheidung der einen *repraesentatio Christi* die Differenz zwischen den sakramentralen Ämtern markieren?

Vor dem Konzil gab es keinen Zweifel daran, dass der Priester Christus repräsentiert. Manche Konzilsväter sprachen sogar von einer Quasi-Identität des Priesters mit Christus.[143] Christus repräsentieren (*Christum repraesentare*) und ein anderer Christus sein (*sacerdos alter Christus*) meine für den Priester selbstverständlich dasselbe. Zwei wichtige Fragen ergeben sich daraus: Wie lässt sich das mit dem gemeinsamen Priestertum aller Getauften vereinbaren und wie lässt sich das sakramentale Amt des Diakons in ein Amtsverständnis integrieren, in dem der Priester durch die Weihe eine Quasi-Identität mit Christus erhält?

Zunächst ist darauf hinzuweisen, dass religionsgeschichtlich betrachtet kultische Priestermodelle, denen auch das *repraesentatio*-Denken entspricht, eine Polarität aufbauen zwischen heiligen und profanen Feldern. Bestellt also – auf unseren Kontext bezogen – der Diakon das profane, während der Priester das heilige Feld bestellt? Die nachkonziliaren Profilierungsversuche für das Amt des Diakons spielen immer wieder diesen Gedanken ein; sie sprechen vom Dienst des Priesters in der Mitte und vom Dienst des Diakons an den Rändern, vom Heilsdienst und vom Weltdienst. Andere Entwürfe teilen die eine *repraesentatio Christi* auf in eine Repräsentation Christi des Hauptes der Kirche und eine des Dieners der Kirche. Die Konsequenz dieses Modells ist schon beschrieben worden: der Priester repräsentiert Christus das Haupt und leitet die Gemeinde. Der Diakon repräsentiert Christus den Diener und dient der Kirche als Helfer des Priesters. So jedenfalls beschreiben ihn die Modelle, die von einer statischen Quasi-Identität des Priesters mit Christus ausgehen.

Erfreulich ist, dass schon während des Konzils dieses eng ontologisch, also auf das Sein der Person beschränkte Verständnis von *repraesentatio* starken Widerspruch gefunden hat. So sprechen statt von *alter Christus* andere Konzilsväter von Gleichgestaltung, von *configuratio* mit Christus. Sie greifen damit den Begriff auf, mit dem schon Thomas von Aquin die Wirkung der Sakramente Taufe, Firmung und Ordination beschrieben hat. Gemeint ist damit eine wesenhafte Gebundenheit an die Grundgestalt Christus und eine Teilnahme an seinem Priestertum. Die Gleichgestaltung kommt also schon allen Getauften zu, beim Amtsträger wird nach Thomas lediglich eine passive Potenz in eine aktive überführt.

Die Hochschätzung des gemeinsamen Priestertums aller Getauften und die missverständliche Vorstellung, dass Christus in der Person des Priesters gegenwärtig sei, führen im Laufe der Konzilsdebatten dazu, dass der Repräsentationsgedanke durch den Sendungsgedanken ersetzt wird. Die Idee der dynamischen, im Handeln und nicht im Sein angelegten Christusgegenwart führt die Konzilsteilnehmer dazu, das sakramental amtliche Tun als Handeln in der Person Christi (*agere in persona Christi*) zu beschreiben. Die statische Christuspräsenz wird zu einer dynamischen, ans konkrete Handeln des Amtsträgers gebundene Stellvertretung Christi.

Mit der Formel *agere in persona Christi* schließt das Konzil an eine alte Formulierung der Kirchenväter an. Die patristische Formel versuchte nämlich das Gegenwärtigwerden Christi mit dem Begriff *in persona* zu fassen. Die Kirchenväter legten in den biblischen Kommentaren damit dar, dass Worte der Schrift dem jeweils Sprechenden von einem anderen in den Mund gelegt wurden. Dieses streng relationale Geschehen wandten mittelalterliche Theologen nun auf die Eucharistie an. Sie machten so deutlich, dass die in der Konsekration gesprochenen Worte die Worte des anwesenden Christus selber sind. Das, was also ursprünglich auf die Konsekrationsworte bezogen war, übertrugen manche Theologen später über den Konsekrationsakt hinaus auf die gesamte priesterliche Tätigkeit.

Heute ist wichtig, den Unterschied zwischen einer Repräsentation Christi und dem Handeln in der Person Christi nicht zu verwischen! Die erste Formel steht in der Gefahr, ein Gegenwärtig*seinlassen* zu beschreiben: Nicht in bestimmten Zeichen*handlungen* oder Tätigkeiten wird Christus gegenwärtig, die besondere Verbindung zwischen Dargestelltem und Darstellendem scheint im Wesen des Einzelnen grundgelegt und wie eine Quasi-Identität zu wirken. Die Ordination führt zu einer Wesensverwandlung, völlig losgelöst vom Handeln und vom Auftrag der Amtsperson. Genau das ist aber vom Konzil nicht intendiert. Dem Amtsträger würden nämlich durch die Vorstellung einer spezifischen, in seinem Wesen grundgelegten Christuspräsenz eine Würde und ein Rang zugesprochen, die ihm nicht zukommen. Um dieses Missverständnis zu vermeiden, taucht der Begriff der *repraesentatio* in den Konzilstexten auch fast gar nicht mehr auf! Deshalb sollte er auch heute nicht mehr benutzt werden.

Die Formel *agere in persona Christi* ist dagegen von dynamischer Veränderung gekennzeichnet. Die im Sprechenden bzw. Handelnden anwesende Person stellt sich nicht auf Dauer ein und bildet erst recht keine mit dem Sprechenden bzw. Handelnden künftig nicht mehr scheidbare Einheit. Die Gegenwart Christi muss vielmehr auf die Zeit des Sprechens oder stellvertretenden Handelns beschränkt werden. Außerdem gebietet sich grundsätzlich eine große Zurückhaltung bei der Rede von der Gegenwart Gottes. Für den Amtsträger und die Gemeinde bedeutet dies, dass die Ordination selbst nicht schon ein Gegenwärtigwerden Christi im Amtsträger sichert. Handelt er nicht aus dem Geist Christi, ist sein Amt quasi stillgelegt; auch der Amtsträger muss immer neu in seinem konkreten Handeln und durch den Dienst der Stellvertretung seine Nähe zu Christus und zu den Menschen erweisen und leben. Erst dadurch wird der an seine Person gebundene Dienst der Stellvertretung lebendig und Christus gegenwärtig. Vor diesem Hintergrund könnte die Rede von der Stellvertretung Christi sicher besser ausdrücken, was im Begriff der *repraesentatio* stets zu Missverständnissen führt. Wie ist der Dienst der Stellvertretung zu erschließen?

Ausgangspunkt ist die Sendung aller Getauften, Christus nachzufolgen und sich in den Dienst der Stellvertretung zu stellen. Ganz für Gott und ganz für die Menschen geht der Einzelne und steht mit seinem Leben dafür ein, das Gottesdienst und Nächstendienst untrennbar miteinander verbunden sind. In der Welt steht er an Stelle Christi für Jesu Hingabebereitschaft ein und lässt sich, von der Liebe Gottes bewegt, ganz in messianische Verantwortung nehmen; er steht und geht für das Heil der Welt, für das Reich Gottes, das im Kommen und im Wachsen begriffene Heil-Land der Welt. Die Unterscheidung zwischen heiligen und profanen Orten ist hier ebenso hinfällig wie die Unterscheidung zwischen einem Ordinierten und einem Getauften hinsichtlich einer je größeren Nähe zu Christus oder einer je unterschiedlichen Identifikation mit Christus. Wer sich ganz in den Dienst der Menschen stellt, entspricht ganz dem Willen Gottes; und wer sich ganz von Gott in Dienst nehmen lässt, sich dem Willen Gottes unterstellt, der steht ganz auf der Seite und an der

Seite der Armen und Bedrängten. Genau das meint Stellvertretung, die so gesehen doppelte Stellvertretung ist: ganz in der Nähe Gottes stehen und gehen heißt, ganz in der Nähe der Menschen zu leben und zu handeln. Was unterscheidet dann aber den getauften Christen vom amtlich Handelnden, vom Ordinierten? Letzteres ließe sich ja von jedem Christen sagen.

Der Dienst der doppelten Stellvertretung vollzieht sich im Handeln des sakramentalen Amtes im Unterschied zum Handeln aus Taufe und Firmung durch Übernahme einer spezifischen Funktion, die öffentlich, unumkehrbar und auf Dauer an eine Person gebunden wird, die gestärkt und zugerüstet mit der Geistesgabe Gottes diese Aufgabe in der Gemeinde und zugleich ihr gegenüber lebt, bezeugt und für sie sensibilisiert, motiviert und anstiftet. Zunächst beruft der Geist Gottes jeden Einzelnen in einzigartiger Weise und verpflichtet ihn zu einem Handeln, dem der einzelne Christ sich nicht entziehen kann. Die Be-Ruf-ung führt in die Übernahme von Ver-Antwort-ung, dem Ruf Gottes kann der Christ nur mit einer Antwort folgen, die sich in Verantwortung für den Nächsten ausdrückt. Das sakramentale Amt dient der Kirche und der Gemeinde vor Ort, diesen Ruf in die Nachfolge zu erinnern. Amtlicher Dienst ist so gesehen Dienst der Erinnerung, Aufstand gegen das Vergessen: Tut dies zu seinem Gedächtnis! So steht das Amt auf der Seite und an der Seite der Armen und Geringsten, stellt sich für sie in den Dienst der Gemeinde und dadurch in den Dienst Jesu Christi, der sich selbst hingab für die Vielen. So wie Jesus mit seinem Leben, seinem Tod und seiner Auferstehung etwas uns zugute und an unserer Stelle für uns tut, er gleichsam an unsere Stelle tritt, für alle, für die gesamte Menschheit, ist jeder Einzelne aufgerufen, seinen Dienst der Stellvertretung in Solidarität zu leben. Und ein Zweites kommt hinzu. Jesus Christus steht nicht nur an der Stelle des erlösungsbedürftigen Menschen, er steht auch an der Stelle Gottes. In ihm kommt Gott uns unmittelbar nahe, durch ihn wird Gottes Wort Fleisch, weil Jesus den Willen seines

Vaters tut und heilend an den Menschen handelt. Sein stellvertretendes Handeln und Leiden geht bis zum Äußersten, bis in den Tod und lässt nichts Menschliches aus. Seine Sendung, seine Menschheit ist ganz und gar Für-Andere-sein bis in den Tod. Stellvertretung im Sinne Jesu Christi geschieht also als spannungsvolle Beziehung zu Gott und zu den Menschen. Stellvertretung bedeutet, einzutreten in die messianische Verantwortung, bedeutet, jemandem zur Seite zu stehen, die Last und Schuld durch gemeinsames Aushalten, durch Linderung oder Heilung erträglich zu machen.

Auch amtliche Stellvertretung lebt aus der Beziehung zu ganz konkreten Menschen, die der Solidarität besonders bedürfen. In diesem Sinn müsste jeder amtliche Handelnde ganz konkret an der Seite von Armen und Bedrängten stehen, so dass er in seiner Verantwortung unersetzlich ist, dass er die Not spürt und sich nicht entziehen kann, weil ihm im Anderen, im Armen und Bedrängten Gott selbst begegnet. In der einen Sendung Jesu Christi stehen heißt also, Gesandter an Christi statt zu sein und an seiner Stelle von der Nähe Gottes bei den Menschen Zeugnis abzulegen durch die eigene Nähe bei den Menschen. Mit Blick auf Mt 25,31–46 kann gesagt werden, dass nicht der amtlich Handelnde Christus zum Geringsten, Armen und Ausgegrenzten bringt. Christus verbirgt sich nicht in ihm, sondern im Armen! Der Weg zu Gott, zur Nähe Gottes ist der Nächste. Der Arme nimmt also in die Pflicht, Zeugnis zu geben von der Güte Gottes durch die ganze Existenz, das Leben wird zum Zeugnis, zum Lebenszeugnis, was nichts anderes ist als *martyria* in ihrer letzten Tiefe, *diakonia* und *liturgia* zugleich. Wer für Christus geht, der geht zugleich für den Nächsten.

Die Spurensuche im Neuen Testament hat gezeigt, dass auf Dauer an feste Träger gebundene Funktionen und Dienste, die der Gemeinde helfen, ihrem Ursprung treu zu bleiben und ihre Identität zu sichern, zu amtlicher Fixierung und „Erstarrung" neigen. Durch die Weihe wird die Verantwortung für diese unerlässliche Funktion auf Dauer an die Person gebunden. Der Bischof, die Presbyter und Diakone erinnern mit und aus ihrem Lebenszeugnis heraus die Kirche an die Identität christlichen Lebens und Handelns aus der untrennbaren Einheit von Gottesdienst und Nächstendienst. Dafür stehen sie unumkehrbar auf Dauer ein und halten die spannungsvolle Einheit wach in der Gemeinde und ihr gegenüber. Wer in diesem Zusammenspiel seine Funktion nicht erfüllt, seinen Dienst nicht versieht, der legt damit auch sein Amt quasi still.

Leider erhält der Diakon in gewisser Weise eine leere Weihevollmacht. Zumindest wird ihm durch die Weihe keine nur ihm vorbehaltene Vollmacht übertragen. Im Grunde erhält er eine Weihe ohne Amt, ohne eine bestimmte Aufgabe mit entsprechender Vollmacht. Das hat schon dazu geführt, den sakramentalen Charakter der Weihe in Zweifel zu ziehen. Man könne vielleicht besser von einer Sakramentalie beim Diakonat ausgehen. Während der Priester durch die Weihe die Konsekrations- und Absolutionsvollmacht erhalte, ihm also eine Vollmacht zukommt aufgrund der Weihe (*ad posse*), so gewähre die Diakonatsweihe lediglich die Befähigung, etwas erlaubt tun zu dürfen (*ad licere*). Der Diakon erhalte quasi die Lizenz, die Erlaubnis, etwas zu tun, was er auch schon vorher unerlaubt tun konnte. So wäre die Diakonatsweihe analog einer Einsetzung oder kirchlichen Bestellung zur Amtsausführung bestimmter Aufgaben zu betrachten. Der Weg aus diesem Dilemma heraus könnte auf zweifache Weise erfolgen: der Diakon bekäme eine Vollmacht qua Weihe, die nur diesem Amt oder den sakramentalen Ämtern vorbehalten ist oder der sakramentale Charakter der Diakonatsweihe ist nicht allein aus den verliehenen Vollmachten heraus, sondern aus der übertragenen Funktion heraus zu begründen. Die Funktion selber müsste sakramentalen Charakter haben, sie müsste für die Identität der Kirche unerlässlich, wesentlich sein. Ist der Diakon in seiner Funktion wesentlich Stellvertreter der Armen, erinnert er also durch seinen Dienst die sakramentale Würde des Geringsten, dann kann sein Dienst nur sakramentalen Charakter haben. Dieser Spur soll im Folgenden weiter nachgegangen werden. Zunächst braucht es aber noch ein Wort hinsichtlich des Dienstmotivs.

8.2 Ein Diakon, der nur dient, dient zu gar nichts

Im Kontext der Profildebatten wird immer wieder der Diakon auf unterschiedlichste Weise mit Diakonie in Verbindung gebracht. Der Diakon sei zu allererst ein Diener. Wer diese kaum zu bestreitende Eingabe macht, müsste allerdings zugleich sagen, wem er wozu dient. Denn ein Diakon, der nur dient, dient zu gar nichts. Häufig bleibt aber genau das aus und der Dienstbegriff dient dann nicht der Profilbildung, sondern der Profilverwirrung. Diakonie ist ein polyphoner Begriff, er braucht eine stimmige Erschließung, die hier versucht werden soll.

Zunächst ist hinsichtlich der Begriffe *diakonia* / *diakonos* darauf hinzuweisen, dass das ursprüngliche Bezugsfeld im profanen Griechisch der Tischdienst ist. Dabei ist die Bedeutung „bei Tisch aufwarten" allerdings nur ein Teil eines viel breiteren Anwendungsmusters.[144] Der „Sitz im Leben" des Wortfeldes *diakonia* ist in der Welt der Dienstleistung zu suchen. Der *diakonos* ist der Bote, der Beauftragte, hinter dem der Entsender, eine Autorität steht. Das Gesandtsein, die Vollmacht bildet das Wesen der *diakonia,* sie ist stark relational gefärbt. Damit steht der Begriff in enger inhaltlicher Verbindung zu dem des *apostolos* und auch *episkopos,* die beide inhaltlich offen sind und ein Beziehungsgeschehen zugrunde legen, aus dem eine Aufgabe erwächst.

So gesehen gibt es für die *diakonia* und den *diakonos* eine terminologische Offenheit und relative Begriffsweite, die sich auch im Neuen Testament widerspiegelt. Es wurde bereits beschrieben, dass *diakonia* die Grundhaltung der Kirche beschreibt, die ihre Grundlegung in Jesu Selbsthingabe bis in den Tod findet. Sie wird auch zu dem Vorzeichen aller Ämter und zum einzigen

Begriff für das Amt überhaupt im Neuen Testament. Paulus bezeichnet sich selbst als *diakonos* und seinen apostolischen Dienst als *diakonia*, ohne dass er damit eine eindeutige funktionale Differenzierung vorgenommen hätte. Auch heute hat der Begriff eine deutliche Unschärfe. So sprechen beispielsweise das Konzil und auch die Rahmenordnung für Ständige Diakone davon, dass der Diakon seinen Dienst in allen drei Grunddiensten tut, in der Diakonie der Liturgie, der Verkündigung und der christlichen Bruderliebe. Gleichzeitig versucht der Begriff als einer der drei Grundvollzüge den Dienst der Nächstenliebe besonders hervorzuheben. Andere verwenden ihn, um innerhalb des Amtsgefüges eine hierarchische Zuordnung vorzunehmen. Im CIC ist er sogar Synonym für das laikale Amt. Wer also vom Dienst des Diakons oder gar vom Dienstamt spricht, ist angehalten, präzise zu beschreiben, was er meint, sonst sorgt er schlicht für Verwirrung oder für eine diffuse Verschleierung seiner Position.

8.3 Stellvertreter der Armen – nicht des Priesters

Seit der Wiedereinführung des Diakonats als eigenständiges Amt durch das Zweite Vatikanische Konzil ist viel darüber diskutiert worden, ob dem Amt aus theologischen, soziokulturellen oder pastoralen Erwägungen heraus ein funktionaler Schwerpunkt zukommt. Die Konzilstexte legen das ebenso wenig nahe wie beispielsweise die Rahmenordnung der deutschen Bischöfe. Lumen Gentium spricht von der „Diakonie der Liturgie, des Wortes und der Liebestätigkeit in Gemeinschaft mit dem Bischof und seinem Presbyterium" (LG 29)." Und Ad Gentes möchte Männer mit sakramentaler Diakonatsgnade gestärkt wissen, die „in der Leitung abgelegener christlicher Gemeinden im Namen des Pfarrers und des Bischofs, sei es in der Ausübung sozialer oder caritativer Werke (AG 16)" ihren Dienst tun. Ist der Diakon somit dem Dienst in allen Grundvollzügen und beiden Grunddimensionen christlichen Lebens und Handelns zuzuordnen, ohne dass eine spezifische Funktion ihm besondere Identität verleihen würde? Ist das Profil des Diakons als Stellvertreter der Armen, wie es in vielen deutschen Diözesen favorisiert wird, ein deutscher Sonderweg? Müsste der Diakon nicht gleichgewichtig in allen Grundvollzügen der Gemeinde tätig und dadurch als Seelsorger den Menschen nahe sein? Ist sein Dienst in der Liturgie nicht ähnlich bedeutsam anzusetzen wie es in der orthodoxen Kirche der Fall ist? Nun sprechen einige gute Gründe dafür, den Diakon als Stellvertreter der Armen mit einer eindeutigen Schwerpunktsetzung seines Dienstes im sozialdiakonischen Feld in das dreigliedrige sakramentale Amt einzuordnen.

Zunächst darf an den neutestamentlichen Befund erinnert werden. Das „Zwillingsamt" des Bischofs und des Diakons findet seinen Ursprung im engeren Kontext der Feier des wahren Herrenmahls. Jesus selbst versteht die Gastmähler mit Zöllnern und Sündern, mit Armen und Ausgestoßenen als anschaulich vermittelnde Zeichen des jetzt schon angebrochenen Reiches Gottes. Seine Mahlgemeinschaft mit den Geringsten ist Vorwegnahme des eschatologischen Festmahls und anbrechende Erfüllung der Verheißung messianischen Heils, das den Menschen in seiner leibseelischen Ganzheit erfasst. Das eucharistische Mahl zieht den Menschen in die Hingabe Jesu hinein und hat die Funktion, die wahre Gemeinschaft des endzeitlichen Gottesvolkes konkret zu identifizieren und die Nähe zu Christus auch als Nähe untereinander zu stiften. Die konsequente Fortführung dieses zentralen Moments jesuanischen Wirkens bewährt sich in der spannungsvollen Einheit von gottesdienstlich-sakramentalem und gesellschaftlich-sozialem Geschehen, wie sie in der rechten Feier des Herrenmahls zum Tragen kommt (vgl. 1 Kor 11,17–34). „Die ‚Mystik‘ des Sakraments hat sozialen Charakter ... Eucharistie, die nicht praktisches Liebeshandeln wird, ist in sich selbst fragmentiert"[145]. Die Entwicklung der Ämter, wie sie in Phil 1,1 und in der schon am Ende des ersten Jahrhunderts entstandenen Didache vorliegen, lässt sich am ehesten aus dem unmittelbaren Zusammenhang von eucharistischer Feier und konkret-leiblicher Sättigung erschließen. Die vom Diakon wahrgenommene soziale Leitungsverantwortung liegt somit in der Entwicklungslinie neutestamentlicher Christologie und ist direkt im eucharistischen Geschehen verankert gewesen.

Wenn aber auf Dauer an feste Träger gebundene Funktionen und Dienste, die der Gemeinde helfen, ihrem Ursprung treu zu bleiben und ihre Identität zu sichern, zu amtlicher Fixierung und Erstarrung neigen, dann spricht auch dieser Befund dafür, dass durch die Ordination die Verantwortung für eine unerlässliche Funktion auf Dauer an eine Person gebunden wird und sie dann sakramental in Dienst genommen wird. Die vielen Zeugnisse der Tradition belegen eindrücklich eine besondere Nähe des Diakons zu den Armen, ohne dass damit eine Tätigkeit im liturgischen Bereich oder in der Verkündigung ausgeschlossen wäre. In seiner Blütezeit hat der Diakon eine deutlich sozialdiakonische Funktion. Als sie ihm nach und nach abhanden kommt, verliert er seine Identität und gerät als bedeutungslose Durchgangsstufe ins Abseits. Genau diese Entwicklung ist auch heute zu befürchten, wenn der Diakon seinen Dienst in allen Bereichen gemeindlichen Lebens vollzieht und sich vom Priester nur dadurch unterscheidet, dass er keine Konsekrations- und Absolutionsvollmacht hat. Er kann dann doch nur als „Minipriester" wahrgenommen werden! Und im Übrigen würde er ganz leicht ersetzbar sein durch andere Dienste und größeren Priesternachwuchs.

So bringen neutestamentliche Zusammenhänge, Zeugnisse der Tradition und Folgerungen aus dem Untergang des Diakonats zusammen deutliche Hinweise, den Diakon als Stellvertreter der Armen zu verstehen und einzusetzen. Er erinnert die Kirche daran, dass sie nur dann Nachfolgegemeinschaft Jesu Christi ist, wenn sie in ihrer sozialdiakonischen Verantwortung Gottes Liebe zu den Menschen trägt. Der Diakon ist also nicht Alles-Täter und er tut auch nicht alles selbst. Er erinnert, motiviert, inspiriert und stiftet an zum sozialdiakonischen Handeln. Als Anstifter zur Solidarität braucht der Diakon eine solidarische Gemeinde und die solidarische Gemeinde braucht einen Diakon. Er lässt sich und die Gemeinde leiten von der Kernfrage christlicher Existenz: Kennt ihr die Armen eurer Stadt? Dient ihr Gott in eurer Güte zu ihren Gunsten, steht ihr an ihrer Seite und an ihrer Stelle? Der Diakon steht mit seiner Person dafür ein, dass der Dienst an und für die Armen keine Nebenbeschäftigung oder Randarbeit ist, die Begegnung mit den Geringsten ist Begegnung mit Gott, sie hat sakramentale Würde, Dignität. Sie ist ein Ort der Gottesbegegnung in dieser Welt.

Die Alternative wäre doch ein Diakon, der sich zwar als Seelsorger in die Nähe der Menschen begibt und von Gottes Liebe bewegt seinen Dienst tut. Wie sollte er aber so Profil gewinnen? Wie sollte er begründen, dass er für seine bescheidenen Möglichkeiten in Liturgie und Verkündigung mit sakramentaler Diakonatsgnade gestärkt wurde? Schon häufiger in der Geschichte sorgte doch genau dieser Umstand dafür, dass eine Neugestaltung nicht gelang.

8.3.1 Differenzierung durch die Grundvollzüge?

Immer wieder wird mit den Grundvollzügen der Gemeinde versucht, das Wesen der Kirche auszudrücken und den Ämtern Profil zu geben. *Martyria, liturgia* und *diakonia* könnten schwerpunktmäßig auf die Ämter aufgeteilt werden, dem Diakon käme insbesondere die Diakonie zu. Die Rede von den drei Grundvollzügen, die häufig noch erweitert wird durch die vierte Vollzugsform der *koinonia*, hat im nachkonziliaren Gespräch die Drei-Ämter-Lehre als umfassende Beschreibung des Dienstes zum Wohle des Volkes Gottes abgelöst. Es besteht mittlerweile Konsens in der Zuordnung und Gewichtung der Vollzüge. Sie durchdringen sich wechselseitig, sind gleichwertig und lassen sich nicht voneinander trennen. So ist der Liebesdienst „für die Kirche nicht eine Art Wohlfahrtsaktivität, die man auch anderen überlassen könnte, sondern er gehört zu ihrem Wesen, ist unverzichtbarer Wesensausdruck ihrer selbst."[146]

Nun könnte man formulieren: Wesentlich ist die Diakonie, institutionalisiert ist der Diakonat, verzichtbar ist der Diakon? Die Gegenprobe macht die Aporie deutlich: Wesentlich ist die Liturgie, institutionalisiert das Priesteramt, verzichtbar ist der Priester?

Wenn die Profilierung und Unterscheidung der sakramentalen Ämter mit Hilfe der Grundvollzüge gelingen sollte, dann müsste schon um der Gleichwertigkeit willen eine Gleichwertigkeit der Ämter angestrebt werden, die jeweils einen Grundvollzug schwerpunktmäßig erinnern. Keinesfalls könnte der Diakon verzichtbar für die Gemeinde sein oder eine Stufe tiefer in der Ämterhierarchie stehen. Gegen die Zuordnung der Grundvollzüge zu den Ämtern spricht aber neben der oben formulierten Aporie auch die faktische Untrennbarkeit der drei Vollzüge. Schon Paulus nennt seine Evangelisation unter der Heiden seine Form der Liturgie (vgl. Röm 15,16) und sich selbst als Opfergabe darbringen, ist für den Apostel der rechte Gottesdienst (vgl. Röm 12,1). Jede konkrete Tätigkeit hat immer – wenngleich mit unterschiedlichem Gewicht – an allen drei Grundvollzügen Anteil. Letztlich ist die Theorie in sich zu wenig konsistent und in ihren pastoralen Auswirkungen nicht immer förderlich. In der Diskussion um die drei sakramentalen Ämter kommt hinzu, dass lediglich zwei auf der Ebene der Gemeinde vor Ort agieren, der Bischof ist eindeutig der Ortskirche als Zeichen und Garant der Einheit zugeordnet. Wie sollten sich die Grundvollzüge also auf die Ämter verteilen lassen?

Aus diesen Gründen verstehen sich diese Ausführungen als deutliches Plädoyer für eine Zuordnung der beiden Grunddimensionen gemeindlich-christlichen Lebens zu den beiden Ämtern vor Ort in der Gemeinde. Natürlich lassen auch Gottesdienst und Nächstendienst sich nicht trennen und auseinanderdividieren; das wäre fatal und theologisch unsinnig. Gleichwohl spricht Vieles für eine Schwerpunktsetzung des presbyteralen und diakonalen Amtes in einer der beiden Grunddimensionen. Das duale, oben beschriebene Amtsmodell lebt allerdings davon, dass beide Ämter gleichwesentlich, unverzichtbar und gleichrangig ihren Dienst in der Gemeinde tun. Andernfalls würde mit dem Amt auch eine der Grunddimensionen nachgeordnet. Dem Presbyteramt müsste also genauso wie dem diakonalen eine Funktion in der Gemeinde zugeordnet werden können und diese Zuordnung müsste auch in der Eucharistiefeier, der Quelle und dem Höhepunkt christlicher Existenz, erkennbar sein. Der Diakon als Stellvertreter der Armen steht dann in der Eucharistie für den unmittelbaren Zusammenhang von Gottesdienst und Nächstendienst, von Liturgie und Diakonie ein mit seinem Schwerpunkt im sozialdiakonischen Handlungsfeld, dem genauso sakramentale Dignität zukommt wie dem Dienst des Presbyters im Feld gottesdienstlicher Handlungen. Aufgabe der Zukunft wäre u. a., die diakonische Dimension der Liturgie stärker als bisher zu heben. Keinesfalls entspräche diesem Selbstverständnis die Rolle des Diakons in der klassischen Eucharistieassistenz, die ihm Aufgaben zuweist, die seiner Funktion kaum entsprechen.

8.3.2 Bindung sozialdiakonischer Aufgaben an das Amt

Diakone haben es offensichtlich nicht leicht, angesichts diakonieresistenter Leitbilder der Gemeinden[147] ihren Dienst als Stellvertreter der Armen zu vollziehen. Wenn aber die Aufgabe das Amt macht und es durch sie unerlässlich für die Gemeinde wird, dann hängen die Legitimation dieses Amtes wie seine Akzeptanz gerade daran, dass es die Bedürfnisse im sozialdiakonischen Handlungsfeld wieder an sich zu binden versteht. Jede Institution und somit auch jedes Amt übersteht die Krise seiner Legitimation nur, wenn sich die soziale Einheit, die Kirche und die Ortsgemeinde oder Pfarreiengemeinschaft, neu über den Sinn des Amtes vergewissert und dieses seine Leistungsfähigkeit neu unter Beweis zu stellen vermag. Das scheint bisher leider nicht ausreichend der Fall zu sein. Die Geschichte lehrt in diesem Zusammenhang, dass der Diakon noch vor dem Ende des ersten Jahrtausends nach Auszug der sozialdiakonischen Dimension aus der amtlichen Leitungsstruktur der Gemeinde funktionslos und theologisch ortlos geworden ist. Auch nach seiner Wieder-Holung durch das Konzil wird der Diakonat auf Dauer nur profilierten Dienst in der Kirche tun können, wenn er eine für die Identität der Kirche lebensnotwendige Funktion wieder an sich zu binden in der Lage ist. Der Diakon braucht einen sozialdiakonischen Schwerpunkt und er müsste von der Kirche als Stellvertreter der Armen auch anerkannt werden. Zugleich müsste die Kirche bereit sein, ihm den seiner Funktion entsprechenden Platz in den amtlichen Strukturen einzuräumen. Denn es darf nicht wieder zur strukturellen Nachrangigkeit der Sozialdiakonie kommen; schließlich ist mit dem Verkümmern des Diakonats bis hin zur Bedeutungslosigkeit schon einmal in der Geschichte die Abwertung der Diakonie verbunden gewesen.[148]

In konsequenter Anwendung dieser Ausführungen ergibt sich u. a. die Forderung, dass in jeder Gemeinde bzw. Pfarreiengemeinschaft das Amt des Diakons gegeben sein müsste. Und ein Diakon, der seinen sozialdiakonischen Auftrag aufgrund der Bedürfnisse der Gemeinde oder des Priesters aufgibt oder vernachlässigt, legt sein Amt quasi still. Dieser Gefahr könnte so mancher aufgrund pastoraler Notlagen in Zukunft häufiger erliegen. Umso mehr ist eine Beheimatung im sozialdiakonischen Handlungsfeld geboten; je mehr sie zu einem Herzensanliegen, zu einer inneren Heimat wird, umso mehr verbindet sich die wesentliche Funktion mit der Person des Amtsträgers, formt seinen Dienst und ihn selbst. Sakramentalität und Funktionalität haben so unmittelbar miteinander zu tun und lassen sich keinesfalls gegeneinander ausspielen. Vielmehr entspricht die sakramentale Indienstnahme der Bedeutung der unerlässlichen Funktion und umgekehrt.

8.3.3 Sakramentale Indienstnahme bindet in Leitungsverantwortung ein

Durch die Ordination wird der Diakon neben seinem Dienst am Wort und in der Liturgie für seine sozialdiakonische Leitungsverantwortung in der Gemeinde in Dienst genommen. Der Zusage des Geistes Gottes entspricht die Ganzhingabe seiner Person. Der Diakon wird Stellvertreter der Armen und stiftet die Gemeinde zur Solidarität mit den Armen an. Handlungsleitend für seinen Dienst der Stellvertretung ist die Gewissheit, das uns im Bedürftigen, im Geringsten, im nicht ersehnenswerten Anderen Jesus Christus begegnet und in ihm Gott selbst (vgl. Mt 25,31–46). Sakramental-amtlicher Dienst des Diakons bedeutet somit einen Gott zu bezeugen, der sich jenseits der Beziehung zwischen mir und dem Anderen aufhält, aber damit unmittelbar zu tun hat. Die Sehnsucht, die dem Höchsten gilt, wird auf den Niedrigsten umgeleitet. Im Ohnmächtigen begegnet der Allmächtige, im Hinfälligen der Ewige. So kehrt der Diakon durch seinen Dienst zu Gunsten, an der Seite und an der Stelle der Armen die Sehnsucht nach dem ganz Anderen um in die Verantwortung für den Bedürftigen, den von den Grenzen des Lebens Getroffenen. Ihm können die sieben leiblichen und die sieben geistlichen Werke der Barmherzigkeit auch heute noch die unterschiedlichen Formen der Armut vor Augen führen. So könnte er die Gläubigen einer Gemeinde mit der Präsenz Gottes in den Opfer- und Befreiungsgeschichten der Vergangenheit und in den gegenwärtigen Leidenden in Beziehung bringen und zugleich die Gegenwart Gottes in den Menschen in Erinnerung rufen, die Werke der Barmherzigkeit und Gerechtigkeit tun.[149] Wenn der

Diakon die Gemeinde an die Unverfügbarkeit und Vorgegebenheit von Gabe und Aufgabe Gottes, also an das klassische *extra nos* erinnert – ohne das für uns und für alle, also das *pro nobis et omnibus* auszuschließen –, dann ist sein Dienst als Stellvertreter der Armen nicht dem beliebigen Wohlwollen der Kirche überlassen. Gerade deshalb hat sein Dienst ja sakramentalen Charakter. Er weist ihm zudem Leitungsverantwortung in der Gemeinde zu. Denn Gemeindeleitung ist von ihrem Wesen her sakramental. Nur im Namen Jesu Christi und in der Kraft des Heiligen Geistes kann jemand leitende Aufgaben übernehmen, die der sichtbaren kirchlichen Anerkennung bedürfen. Das Sakrament des Ordo ist in diesem Sinn die Gestalt sozialer Ausdrücklichkeit, der das sakramentale Wesen von Gemeindeleitung bedarf. Die sakramentale Indienstnahme verleiht zugleich eine Christusunmittelbarkeit, die dem Amtsträger für seinen Dienst der Stellvertretung Eigenständigkeit und Eigenverantwortung schenkt.

Soziologisch betrachtet entspräche der Ausdifferenzierung in kirchliche und gesellschaftliche Subsysteme eine kollegiale Leitungsstruktur auf der Ebene der Gemeinde bzw. Pfarreiengemeinschaft. Sie könnte eine Integration der Teilbereiche leisten und den unlösbaren Zusammenhang von Gottesdienst und Nächstendienst vermitteln. Leider gibt es für den Diakon bis heute keine seiner sakramentalen Indienstnahme entsprechende strukturelle Verankerung in der Gemeindeleitung. Er ist dem Presbyter zu- resp. untergeordnet und stößt damit auf die Problematik, dass die Sozialdiakonie über Jahrhunderte keinen Platz in der Leitung der Gemeinde gefunden hat. Wie könnte aber der Diakon seiner sakramental-amtlichen Leitungsvollmacht gerecht werden? Er ist ja weder irgendein Geschäftsführer, Fachbereichsleiter noch professioneller Sozialarbeiter. Ein wichtiger Schritt wäre eine seiner Funktion entsprechende Rolle in der Eucharistiefeier, der Quelle und dem Höhepunkt gemeindlichen Lebens.

8.3.4 Sozialdiakonische Leitungsverantwortung wurzelt in der Eucharistie

Paulus mahnt im Korintherbrief entschieden an, den für die Identität der Gemeinde so bedeutsamen Zusammenhang von Eucharistie und Agape, von eucharistischem Gottesdienst und damit unmittelbar verbundener ganzheitlicher Heilssorge für die Bedürftigen nicht zu vergessen oder zu gefährden. Und sein Einspruch gegen die Art der Herrenmahlsfeier in Korinth ist gesteuert von der Überlieferung 1 Kor 11,23–25: „Jesus, der Herr, nahm in der Nacht, in der er ausgeliefert wurde, Brot, und sprach das Dankgebet, brach das Brot und sagte: Das ist mein Leib für euch. Tut dies zu meinem Gedächtnis! Ebenso nahm er nach dem Mahl den Kelch und sprach: Dieser Kelch ist der Neue Bund in meinem Blut. Tut dies, sooft ihr daraus trinkt, zu meinem Gedächtnis!" Sie fasst das Lebensprogramm Jesu zusammen. Paulus geht es bei seinem massiven Einspruch eben nicht darum, ob die Korinther an die Ursprungsüberlieferung glauben. Sie sollen die Hingabebereitschaft Jesu bis zum Tod in ihren Reihen auch in soziale Realität umsetzen! Liturgie, die folgenlos bleibt für soziale Ungerechtigkeit, entspricht eben nicht dem Willen Jesu.

Umso wichtiger ist auch heute der Dienst des Diakons in der Eucharistie. Als Stellvertreter der Armen steht er dafür ein, dass Jesu Selbsthingabe als konkrete Solidarität mit den Leidenden und Bedürftigen unserer Welt gelebt werden will. Dies kann er aber nur glaubhaft tun, wenn er selbst die Armen seiner Stadt kennt, an ihrer Seite steht, ihr Anwalt, ihr Stellvertreter ist und dies in der Eucharistie durch seinen Dienst erinnert. Andernfalls unterbrechen die Diakone nur den homogenen Vollzug der eucharistischen Liturgie mit Rufen und Handlungen, die nicht auszudrücken in der Lage sind, wofür der Diakon den Dienst der Stellvertretung tut.

Leider wird die gegenwärtige Form der Eucharistieassistenz des Diakons selten seiner Rolle als Stellvertreter der Armen gerecht. Er wird vielmehr als Assistent, als Helfer des Priesters wahrgenommen. Selbst wenn er seinen Dienst in der Gemeinde an der Seite und an der Stelle der Armen tut, findet er in der Feier der Eucharistie häufig nicht den Ort, dies bildkräftig und zeichenhaft auszudrücken. Das liegt zunächst daran, dass amtliche Stellvertretung Christi sich nicht als eine Art substanzhafter Vergegenwärtigung Christi vollzieht, bei der dann die pure Anwesenheit des Ordinierten schon hinreichend Christus gegenwärtig machen könnte. Der Amtsträger wird eben nicht in seinem Wesen quasi ein zweiter Christus. Er handelt vielmehr in bestimmten, fest umrissenen sakramentalen Zeichen*handlungen*, die das Heilswerk Christi vermitteln. Der Diakon müsste also fest umrissene sakramentale Zeichen*handlungen* in der Eucharistie vollziehen, die ihn als Stellvertreter der Armen und die Geringsten als Ort der Gottesbegegnung signifikant in Erscheinung treten lassen. Dann könnte die sozialdiakonische Dimension der Eucharistie, die letztlich auch die sakramentale Würde der Notleidenden und Bedürftigen in Erinnerung ruft, durch seinen Dienst deutlicher zum Vorschein gebracht werden. Entsprechende Handlungen würden den Weltbezug der Eucharistiefeier heben, sie würden die Differenz zwischen dem, was sein soll und dem, was ist, darstellen und dem Diakon über die Macht der Bilder ein stimmiges sozialdiakonisches Gesicht geben. Seine sozialdiakonische Leitungsverantwortung ginge von der Eucharistie aus und würde zu ihr zurückkehren. Der Diakon dient also keinesfalls der Verfeierlichung der Eucharistie, er hat dort seinen unersetzbaren Platz, weil er für die Sakramentalität des Geringsten einsteht und den sozialen Charakter der Feier erinnert.

Dabei ist dieses zentrale Anliegen natürlich nicht durch Gestaltung einiger liturgischer Elemente beantwortet. Es geht schließlich um die Bedeutung der Liturgie für das sozialdiakonische Handeln der Christen selbst! Auch der Diakon kann nur stimmig in der Liturgie seinen Dienst tun, wenn er von sozialdiakonischer Praxis im Leben gedeckt ist.

Die sozialdiakonische Dimension der Liturgie tritt nun nicht von außen zur Feier des Glaubens hinzu. Sie ist im Wesen der Liturgie, der vergegenwärtigenden Erinnerung des Paschamysteriums angelegt. In verschiedenen Zeichen*handlungen* wird sie allerdings besonders ausdrücklich. Im Fürbittgebet spiegelt sich beispielsweise die Solidarität mit den Geringsten wider. Schon in der Alten Kirche wurde es als Gebet für Arme und Leidende verstanden. Es war einmal das Gebet für den Nächsten und zugleich sollte die Gemeinde darüber zu einem entsprechenden Leben im Alltag finden. Da überrascht es nicht, dass der Diakon das Allgemeine Gebet, das Fürbittgebet sprechen soll. Wenn ihm das aufgrund gängiger Praxis in vielen Gemeinden auch nicht möglich sein wird, so kann er doch durch ganz konkrete Gebetsanliegen die Armen der Stadt mit ins Gebet hinein nehmen. Auch Friedensgruß und natürlich die Predigt im Sinne einer sozialdiakonischen Homilie sind Orte, die den Dienst des Diakons profilieren können.

Ein vorzüglicher Ort für den Dienst der Stellvertretung der Armen durch den Diakon ist die Gabenbereitung. Die Gemeinde brachte ja ursprünglich die Gaben für die Eucharistie *und* für die Armen dar. Eucharistie und Sättigungsmahl als Ort der konkreten Sorge um die Bedürftigen waren in der wahren Feier des Herrenmahls nicht zu trennen. Paulus mahnte die Korinther, beide Momente in rechter Weise zu begehen. Die Gaben für die Eucharistie wurden konsequenterweise wie die Gaben für die Bedürftigen als Opfer bezeichnet. Es ging von Anfang an um eine innere und im Leben konkretisierte Verwobenheit mit dem Opfer Jesu Christi. Denn Christus ruft durch seine Hingabe dazu auf, sich selbst zum Opfer zu geben; Paulus stellt den Zusammenhang im Römerbrief so dar: „Angesichts des Erbarmens Gottes ermahne ich euch, meine Brüder (und Schwestern), euch selbst als lebendiges und heiliges Opfer darzubringen, das Gott gefällt; das ist für euch der wahre und angemessene Gottesdienst (Röm 12,1)."

Vom vierten Jahrhundert an werden die Opfergaben leider zunehmend als Almosen verstanden, vom 11. Jahrhundert an treten dann Geldgaben in den Vordergrund, die bis in die heutige Zeit in der Kollekte gesammelt werden. Ihre Bedeutung als Opfergabe haben sie leider verloren. Gerade hier könnte der Diakon einen wertvollen Dienst tun und die ursprüngliche Praxis in stimmiger Weise beleben. Die Grundordnung des Römischen Messbuchs sieht sehr wohl eine Gabenprozession vor. So betont die IGMR[150] den engen Zusammenhang zwischen dem Herbeibringen und der Bereitung der zu konsekrierenden Gaben auf der einen und der Gaben für die Armen auf der anderen Seite, wenn es heißt: „Dann bringt man die Opfergaben zum Altar. Angemessenerweise werden Brot und Wein von den Gläubigen dargereicht, vom Priester aber oder von einem Diakon an einem geeigneten Ort entgegengenommen, um zum Altar gebracht zu werden. Wenn auch die Gläubigen das Brot und den Wein, die für die Liturgie bestimmt sind, nicht mehr wie früher selbst mitbringen, behält der Ritus, sie nach vorne zu tragen, doch Aussagekraft und geistliche Bedeutung.

Auch Geld oder andere Gaben, die von den Gläubigen für die Armen oder für die Kirche gespendet beziehungsweise in der Kirche eingesammelt werden, sind willkommen. Deshalb werden sie an einem geeigneten Ort niedergelegt, nicht jedoch auf dem Tisch der Eucharistie." (Nr. 73)

Könnte der Diakon in diesem Sinn nicht den Tisch der Armen decken, den Tisch der nicht ersehnenswerten Anderen? Im Bild gesprochen: Der Tisch des Wortes (Ambo) wird vom Priester oder Diakon gedeckt, dem Tisch für Brot und Wein (Altar) steht der Priester vor, dem Tisch für die Armen der Diakon. Die drei Tische sind Orte der Gegenwart Gottes je auf ihre Weise, ihnen kommt sakramentale Würde zu. Der Diakon könnte die von Vertretern der Gemeinde in einer gestalteten Prozession gebrachten Gaben einsammeln, stellvertretend für die Armen der Gemeinde entgegennehmen und anschließend verteilen. Oder die Bedürftigen nehmen sie selbst aus seinen Händen in der Eucharistie entgegen. Dann stände er an ihrer Seite und sein Dienst würde zu ihren Gunsten getan. Er wäre sehr sinnenfällig Anwalt, ja Stellvertreter der Armen an dem Ort, wo die Armenfürsorge ihren festen Platz hat: in der Eucharistie. Für diese Praxis sprechen im Übrigen auch verschiedene Beispiele aus der Liturgiegeschichte.[151]

Auffällig ist in diesem Zusammenhang allerdings, dass sich die Rolle des Diakons in der IGMR weitgehend auf die Vorbereitung der zu konsekrierenden Gaben bezieht. Hingegen wäre es durchaus sachgerecht, wenn der Diakon stärker in die sozialdiakonisch orientierte Einsammlung der Gaben, der Kollekte einbezogen würde. Er könnte, wenn eine eigene Gabenprozession nicht vorgesehen ist, vorher den konkreten Adressaten oder Zweck der Gabensammlung bekannt geben, den er ggf. bereits in der Homilie entfaltet hat.

8.4 Der Ordo als sakramentale Einheit in funktionaler Differenz

Identität ist heute generell ein Prozess und keine statische Größe. Identitätsbildung ist also nicht im Sinne einer stabilen Anhäufung innerer Besitzstände zu gewinnen, sie gestaltet sich vielmehr als Dialogprozess ohne exakt fixierbares Drehbuch. Es gibt in diesem Sinn keine Anerkennungsgarantien mehr. Auch der klassische Amtsbonus wird immer mehr abnehmen. Stattdessen wird es Erfahrungen von Anerkennung geben, wenn man sich ihnen stellt. Dafür sind die Ämter zu gewinnen, sie müssten sich gemeinsam dem Dialog untereinander und in der Gemeinde stellen, wie sie zur Identität der Kirche Jesu Christi ihren stimmigen Beitrag leisten können. Das schließt nicht aus, dass es Identitätsprobleme geben wird. Sie gehören aber dazu; sie zu bestehen, nicht sie alle zu lösen, ist entscheidend. Das Profil des Diakons wird also nur im Dialog mit den Gemeinden und besonders in Auseinandersetzung mit dem bischöflichen und presbyteralen Amtsprofil zu schärfen sein. Wie sollte auch der „Jüngste" ohne die „Alten" seinen Ort in der Gemeinschaft der Amtsbrüder finden? Er darf nicht hoffnungslos allein gelassen werden. Schließlich tut er seinen Dienst in Gemeinschaft (in communione) mit dem Bischof und seinem Presbyterium (vgl. LG 29). Den anderen Ämtern stände aber auch für die eigene Identitätsbildung ein offener Dialog gut zu Gesichte. Im Anschluss an die Konzilstexte könnte nämlich beispielsweise gefragt werden, ob der Presbyter „Minibischof" oder „Maxidiakon" ist.

Das Konzil spricht von der communio des dreigliedrigen Amtes. Die Kirche, die selbst „das von der Einheit des Vaters und des Sohnes und des heiligen Geistes her geeinte Volk" (LG 4) darstellt und in ihren sakramental-amtlichen Vollzügen in ihre Identität findet, lebt also von einem sakramentalen Amt, das seine Einheit selbst communial gestaltet und ausprägt. Communio im Ordo meint also nicht Eingliederung in eine bestimmte Ordnung, in der der Amtsträger seinen quasi-substanzhaften Selbststand findet; communio lebt vielmehr von einem dynamischen Austausch, vom Dialog.

Die sakramentale Einheit im dreigliedrigen Ordo kommt zunächst dadurch zustande, dass die Ämter teilhaben an der einen Sendung Jesu Christi. In der Ordination sind sie mit der einen sacra potestas beschenkt worden, die sie zum Wohle des Volkes Gottes einsetzen sollen, damit sich das Volk Gottes auf sein Ziel hin ausstrecken möge, das Reich Gottes. Sakramentale Einheit meint somit keine Einheitlichkeit, Uniformität oder eine vom Vollmachtsdenken her geformte hierarchische Stufung mit graduellen Abständen. Sie bringt vielmehr die Einheit der bleibend Verschiedenen in ein dynamisches Beziehungsgeschehen, in dem sowohl die Teilhabe an der einen Sendung Jesu Christi Gemeinschaft stiftet als auch die Kommunikation der Ämter untereinander dafür sorgt, dass sie stimmig in ihr jeweiliges Amt gestellt sind. Die communio der Diakone mit dem Bischof und seinem Presbyterium lebt also von einer intensiven Beziehung, in der jeder auf den anderen verwiesen ist, in der jedes Amt seine ihm eigene Funktion und Verantwortung erinnernd ins Geschehen einbringt. Jedes Amt hat einzigartige Bedeutung für die anderen und für das Ganze. Die Verwiesenheit sorgt dann nicht für eine Einebnung der verschiedenen Aufträge und funktionalen Differenzierungen, sondern für eine lebendige Kommunikation. Es geht nicht um ein Konkurrenzverhältnis oder darum, dass jeder einen exakt abgrenzbaren Anteil an der einen Sendung Jesu Christi hätte. Vielmehr wird im Dienst eines jeden der Ämter das Ganze in unterschiedlicher Weise sichtbar. Jedes Amt spielt das Spiel ganz, aber auf andere Art und nicht allein für sich. So verwirklicht sich das eine apostolische Amt konkret in der Vielfalt der sakramentalen Dienste, die eigenständige, funktional differente Knotenpunkte der Identität im Beziehungsnetz des Volkes Gottes sind. Der Bischof ist das „Prinzip und Fundament der Einheit" (LG 23) in der jeweiligen Ortskirche. Er gibt dem Diakon resp. Presbyter Anteil an seiner Verantwortung und er wird von beiden an seine Verantwortung erinnert. So wächst das Bischofsamt gleichsam in seine sakramentale Fülle, indem es die beiden anderen Ämter in die Verantwortung nimmt und sich von ihnen bereichern lässt. Der Diakon kann seiner Verantwortung als Stellvertreter der Armen dadurch gerecht werden, dass er seinem Bischof Ohr, Mund Herz der Armen ist, dass er ihn an seine altehrwürdige Aufgabe erinnert, Vater der Armen zu sein. Er könnte ihn an die alte Zusage Papst Gregor des Großen erinnern: Wenn ein Mensch in der Ortskirche des Hungers stirbt, ist der Bischof nicht würdig, die Messe zu feiern. So gewinnt der Bischof seine amtliche Identität und sakramentale Fülle in Relation auf das Volk Gottes und die anderen Dienstämter hin.

Das Konzil erschließt auch den Zusammenhang von eucharistischer Feier, von Gottesdienst und Nächstendienst aus dem Begriff der *communio*. *Communio* meint ursprünglich nicht Gemeinschaft, sondern Teilhabe, *participatio* an den von Gott geschenkten Gütern des Heils, die sich insbesondere in der Eucharistie ereignet (vgl. UR 22; 1 Kor 10,16f). Lumen Gentium 7 sagt: „Beim Brechen des eucharistischen Brotes erhalten wir wirklich Anteil am Leib des Herrn und werden zur Gemeinschaft (*communio*) mit ihm und untereinander erhoben (LG 7)." Deshalb ist die Eucharistie Höhepunkt kirchlicher *communio* (vgl. LG 11; AG 9). Und deshalb zeigt sich auch die *communio* der sakramentalen Ämter wesentlich in der Art ihres Zusammenspiels in der Eucharistie. Für die amtliche Struktur der Kirche bedeutet das: „Nur wo die Konkretheit der Strukturen sich mit der Konkretheit der Armen verbindet, wo die Eucharistie und die mit ihr verknüpften Ämter unter denen zu Hause sind ... denen Jesus das Reich Gottes zuallererst verheißen und es in der Tischgemeinschaft mit ihnen vorweg geschenkt hat, da kommt die realsymbolische Gegenwart des Reiches Gottes auch heute noch zu ihrer höchstmöglichen ‚Vollgestalt'"[152]. Auch von daher ist für den Diakon als Stellvertreter der Armen die Assistenz in der Eucharistiefeier nicht die adäquate Form, seinem Stellvertretungsdienst gerecht zu werden. Er müsste stimmiger im Sinne einer Kooperation seinen Dienst tun können.

9. Abschließende Ermutigung

Die geschichtlichen Variationen und die vielfältigen Entwicklungslinien in der Amtstheologie sowie die theologischen Fluktuationen in den Konzilstexten zeigen mehr als deutlich, dass die Kirche frei ist und sich immer ermächtigt hat, entsprechend den Bedürfnissen der konkreten Kirche und der geschichtlichen Gegenwart neue Gestaltungen des kirchlichen Amtes hervorzubringen. Die Tatsache, dass die Titel des dreigliedrigen in apostolischer Tradition stehenden Amtes über Jahrhunderte unverändert geblieben sind, darf nicht dazu führen, die gegenwärtige Gestalt über Gebühr zu fixieren und als einzig wahre zu manifestieren. Vielmehr kann die unglaublich vielfältige und komplexe Geschichte des sakramentalen Amtes dazu ermutigen, in synchroner Relation mit den gegenwärtigen Entwicklungen und in diachroner Relation mit den vor uns bzw. hinter uns liegenden Ausprägungen ein Netz zu knüpfen und um einen weiteren Knoten amtlicher Gestaltung zu bereichern. Die Legitimität der Ämter und ihrer Ausgestaltung sowie ihr Anteil an der apostolischen Überlieferung müssen sich letztlich daran messen lassen, ob sie dem Evangelium in Treue dienen und ihm als normativer Tradition in seiner Fülle Geltung verschaffen können. Das sakramentale Amt muss sich der Treue zur Überlieferung immer neu ausliefern. Dann zeigt sich die Wahrheit des Amtes nicht in der Geschichte, sondern als Geschichte in eschatologischer Offenheit auf eine je größere Wahrheit hin. 40 Jahre nach der Weihe der ersten Ständigen Diakone in Deutschland ist die neue Geschichte erst angebrochen. Die vielen Diakone in unterschiedlichsten Ausführungen, ob als Diakone im Hauptberuf, mit oder im Zivilberuf oder als Diakone im Durchgang zum presbyteralen Amt, werden auch durch ihren konkreten Dienst dem Amt Gestalt geben. Die Ausführungen dieser Handreichung verstehen sich als Ermutigung, den Weg des Diakons als Stellvertreter der Armen mutig voranzugehen, um der Kirche Jesu Christi als Kirche der Armen ein starkes Zeichen zu werden und ein mutiges Zeugnis zu geben.

Weiterführende Literatur

Bausenhart, G., Das Amt in der Kirche, Eine not-wendende Neubestimmung, Freiburg 1999

Dassmann, E., Ämter und Dienste in den frühchristlichen Gemeinden, Bonn 1994

Fuchs, O., Ämter für eine Zukunft der Kirche. Ein Diskussionsanstoß, Luzern 1993

Hilberath, B. J., Ordinationstheologische Leitlinien zum Ständigen Diakonat: Draußen vor der Tür? Diakone und Diakonie. Hg. v. Bischöflichen Ordinariat Rottenburg-Stuttgart 2001, 23–31

Hünermann, P. u. a. (Hg.), Diakonat: Ein Amt für Frauen in der Kirche – Ein frauengerechtes Amt?, Ostfildern 1997

Kasper, W., Der Diakon in ekklesiologischer Sicht angesichts der gegenwärtigen Herausforderungen in Kirche und Gesellschaft: Diaconia Christi 32 (1997), 3/4, 13–33

Kießling, K. (Hg.), Ständige Diakone – Stellvertreter der Armen, Berlin 2006

Morche, M., Zur Erneuerung des Ständigen Diakonats. Ein Beitrag zur Geschichte unter besonderer Berücksichtigung der Arbeit des Internationalen Diakonatszentrums in seiner Verbindung zum Deutschen Caritasverband, Freiburg 1996

Müller, G. L. (Hg.), Der Diakonat – Entwicklung und Perspektiven. Studien der Internationalen Theologischen Kommission zum sakramentalen Diakonat, Würzburg 2004

Rahner, K., Vorgrimler, H. (Hg.), Diaconia in Christo (QD 15/16), Freiburg 1962

Reininger, D., Diakonat der Frau in der einen Kirche: Diskussionen, Entscheidungen und pastoral-praktische Erfahrungen in der christlichen Ökumene und ihr Beitrag zur römisch-katholischen Diskussion, Ostfildern 1999

Sander, S., Gott begegnet im Anderen. Der Diakon und die Einheit des sakramentalen Amtes, Freiburg 2006

Wessely, C., Gekommen, um zu dienen. Der Diakonat aus fundamentaltheologisch-ekklesiologischer Sicht, Regensburg 2004

Zulehner, P. M., Dienende Männer – Anstifter zur Solidarität. Diakone in Westeuropa, Ostfildern 2003

Anmerkungen

1 J. Ratzinger, Die Ekklesiologie des Zweiten Vatikanums: IKaZ 15 (1986), 41–52, 51.

2 M. Kehl, Die Kirche. Eine katholische Ekklesiologie, Würzburg 1992, 243.

3 M. Kehl, Ecclesia universalis. Zur Frage nach dem Subjekt der Universalkirche: E. Klinger, K. Wittstadt (Hg.), Glaube im Prozeß. Christsein nach dem II. Vatikanum, Freiburg 1984, 240–257, 247.

4 P. M. Zulehner, J. Brandner, „Meine Seele dürstet nach dir". GottesPastoral, Ostfildern 2002, 145. Vgl. zum Folgenden ebd., 145–147.

5 Benedikt XVI., Enzyklika Deus Caritas est (=DCE) (VdApSt 171), hg. v. Sekretariat der Deutschen Bischofskonferenz, Bonn 2006, 14.

6 DCE 14.

7 DCE 16.

8 DCE 25.

9 Vgl. dazu auch den instruktiven Artikel von I. Baumgartner, „Seht, wie sie einander lieben". Wirkmächtig oder folgenlos? Überlegungen zu einer diakonischen Pastoral: P. Klasvogt, H. Pompey (Hg.), Liebe bewegt ... und verändert die Welt, Paderborn 2008, 99–112.

10 E. Dassmann, Sind die kirchlichen Ämter so, wie Jesus sie gewollt hat?: ders., Ämter und Dienste in den frühchristlichen Gemeinden (Hereditas 8), Bonn 1994, 22–33, 27.

11 Vgl. H. Schürmann, Die Gestalt der urchristlichen Eucharistiefeier: ders., Ursprung und Gestalt, Düsseldorf 1970, 77–99.

12 M. Kehl, Die Kirche, 287.

13 Vgl. H.-C. Schmidt-Lauber, Liturgie und Diakonie: BuL 69 (1996), 2, 60–75, 62.

14 Vgl. J. Roloff, Die Kirche im Neuen Testament, Göttingen 1993, 41.

15 Vgl. J. Roloff, Zur diakonischen Dimension und Bedeutung von Gottesdienst und Herrenmahl: ders., Exegetische Verantwortung in der Kirche, Göttingen 1990, 201–218, 201.

16 Vgl. K. Kertelge, Gemeinde und Amt im Neuen Testament (Biblische Handbibliothek X), München 1972, 30.

17 J. Ratzinger, Zur Frage nach dem Sinn des priesterlichen Dienstes: GuL 41 (1968), 347–376, 371.

18 Vgl. G. Theißen, Soziologie der Jesusbewegung. Ein Beitrag zur Entstehungsgeschichte des Urchristentums, München ⁵1988, 14–26.

19 R. M. Hübner, Die Anfänge von Diakonat, Presbyterat und Episkopat in

der frühen Kirche: A. Rauch, P. Imhof (Hg.), Das Priestertum der Einen Kirche. Diakonat, Presbyterat und Epsikopat, Aschaffenburg 1987, 45–89, 80.

20 G. Bausenhart, Das Amt in der Kirche. Eine not-wendende Neubestimmung, Freiburg 1999, 143.

21 J. Becker, Das Urchristentum als gegliederte Epoche (SBS 155), Stuttgart 1993, 135f.

22 Vgl. H.-J. Klauck, Die Hausgemeinde als Lebensform im Urchristentum: ders., Gemeinde – Amt – Sakrament. Neutestamentliche Perspektiven, Würzburg 1989, 11–28, 27.

23 Auch Lukas kennt vermutlich lokalgemeindliche Ämter und setzt sie als selbstverständlich voraus. So dürfte er die palästinische Ältestenverfassung kennen (Apg 14,23) und diese mit Hilfe der in den paulinischen Gemeinden beheimateten Episkopen- und Diakonenverfassung umzugestalten versuchen.

24 Das Wort *diakonia* kommt 33–mal im Neuen Testament vor, nur einmal in den Evangelien, 8–mal in der Apostelgeschichte und 22–mal in den Paulusbriefen. Ähnlich ist es mit dem Begriff *diakonos*, der 29–mal in den neutestamentlichen Schriften vorkommt, dabei allein 21–mal in den paulinischen Briefen. Vgl. A. Weiser, Art. διακονέω, in: EWNT² I (1992), 726–732, 726.

25 E. Dirscherl, Was bedeutet Stellvertretung? Bemerkungen zu einer theologischen Grundkategorie im Kontext der Diaspora: G. Risse, C. A. Kathke (Hg.), Diaspora: Zeugnis von Christen für Christen. 150 Jahre Bonifatiuswerk der dt. Katholiken, Paderborn 1999, 459–468, 467.

26 Vgl. J. Hainz, Die Anfänge des Bischofs- und Diakonenamtes: ders. (Hg.), Kirche im Werden. Studien zum Thema Amt und Gemeinde im Neuen Testament, München-Paderborn-Wien 1976, 91–107, 107.

27 So jedenfalls J. Hainz, Die Anfänge des Bischofs- und Diakonenamtes, 102.

28 Vgl. G. Bausenhart, Das Amt in der Kirche, 121.

29 Vgl. H. J. Pottmeyer, Amt als Dienst – Dienst als Amt: LS 33 (1982), 153–158, 156.

30 G. Bausenhart, Das Amt in der Kirche, 170.

31 G. Bausenhart, Das Amt in der Kirche, 166.

32 Vgl. U. Brockhaus, Charisma und Amt. Die paulinische Charismenlehre auf dem Hintergrund der frühchristlichen Gemeindefunktionen, Wuppertal 1987, 128–239.

33 Vgl. H. Merklein, Entstehung und Gehalt des paulinischen Leib-Christi-Gedankens: ders., Studien zu Jesus und Paulus (WUNT 43), Tübingen 1987, 319–344, 335.

34 J. Roloff, Die Kirche im Neuen Testament, 139.

35 G. Bausenhart, Das Amt in der Kirche, 213.

36 Vgl. zum Motiv J. Ratzinger, Das neue Volk Gottes, Düsseldorf 1969, 97.

37 Nach H.-J. Klauck, Gemeinde – Amt – Sakrament, 313–330, 325, dürfte die Zahl der Gemeindemitglieder zwischen 100 und 200 Personen liegen. Die geringe Zahl machte eine gemeinsame Feier erst möglich und gab dem Bild vom „Leib Christi" einen auch soziologisch plausiblen Hintergrund.

38 J. Roloff, Zur diakonischen Dimension, 214.

39 M. Ebner, Identitätsstiftende Kraft und gesellschaftlicher Anspruch des Herrenmahls. Thesen aus exegetischer Sicht: ders. (Hg.), Herrenmahl und Gruppenidentität (QD 221), Freiburg 2007, 284–291, 286.

40 So zuletzt Gemeinsame Erklärung und Einführung: Grundnormen für die Ausbildung der Ständigen Diakone, hg. v. Kongregation für das Katholische Bildungswesen / Kongregation für den Klerus (VdApSt 132), Bonn 1998, 12f.

41 Irenäus haer. 1,26,3 (FC 8/1, 316); Irenäus haer. 4,15,1 (FC 8/4, 112).

42 Hippolyt ref. 7,36,3 (BKV² 40,222); Eusebius h. e. 3,29,2 (BKV² II/1, 60; 138).

43 Vgl. zum Zusammenhang von *praesentatio, ordinatio* und *acclamatio* W. Kasper, Das kirchliche Amt in der Diskussion. Zur Auseinandersetzung mit E. Schillebeeckx „Das kirchliche Amt" (Düsseldorf 1981): ThQ 163 (1983), 46–53, 49ff.

44 J. Roloff, Die Kirche im Neuen Testament, 215.

45 Vgl. E. Schweizer, Gemeinde und Gemeindeordnung im Neuen Testament, Zürich 1959, 93.

46 Vgl. H. v. Lips, Glaube – Gemeinde – Amt. Zum Verständnis der Ordination in den Pastoralbriefen, Göttingen 1979, 24.

47 Vier verschiedene Lösungen sind angeboten worden: 1. Die Begriffe werden synonym gebraucht, in der Gemeinde sind die Ämter kollegial organisiert. 2. Episkopen sind die führende Gruppe, alle Episkopen sind Presbyter, aber nicht alle Presbyter Episkopen. 3. Es gibt nur einen Episkopen, der sich als Leiter der Gemeinde vom Presbyterkollegium unterscheidet. 4. Der *episkopos* ist Leiter des Presbyterkollegiums und Vertreter nach außen. Vgl. H. v. Lips, Glaube – Gemeinde – Amt, 106–116.

48 Vgl. J. Roloff, Der erste Timotheusbrief (EKK XV), Zürich u. a. 1988, 148f.

49 F. Loofs, Die urchristliche Gemeindeverfassung: ThStKr 63 (1890), 619–658, 637.

50 W. Beinert, Was ist apostolisch?: K. Schuh (Hg.), Amt im Widerstreit, Berlin 1973, 30–36, 31.

51 R. Dreier, Das kirchliche Amt. Eine kirchenrechtliche Studie (Jus Ecclesiasticum 15), München 1972, 159.

52 K. Lehmann, Zur dogmatischen Legitimation einer Demokratisierung in der Kirche: Conc 7 (1971), 171–181, 177.

53 G. Bausenhart, Das Amt in der Kirche, 88.

54 Weitere identitätssichernde und Integrität bewahrende Entwicklungen sind für E. Dassmann, Geschichtlichkeit der Offenbarung und gnostische Bedrohung: A. Görres, W. Kasper (Hg.), Tiefenpsychologische Deutung des Glaubens? (QD 113), Freiburg 1988, 49–66, 59, „die Sammlung der neutestamentlichen Schriften und die Abgrenzung des Kanons ... die Fixierung und Formulierung von Glaubenssymbolen und ... die Klärung der Bedingungen und Möglichkeiten der Sündenvergebung sowie der Schaffung eines Bußinstituts."

55 Vgl. beispielsweise Irenäus haer. 3,2,2 (FC 8/3, 26). Vgl. dazu A. Merkt, Das Problem der Apostolischen Sukzession im Lichte der Patristik: Th. Schneider, G. Wenz (Hg.), Das kirchliche Amt in apostolischer Nachfolge I (Dialog der Kirchen 12), Freiburg/Göttingen 2004, 264–295.

56 G. Bausenhart, Das Amt in der Kirche, 209.

57 Vgl. G. Schöllgen, Didache. Zwölf-Apostel-Lehre, übersetzt und eingeleitet v. G. Schöllgen (FC 1), Freiburg 1991, 21.

58 Did. 15,1.2 (FC 1, 134).

59 Vgl. 1 Clem. 40,5.

60 1 Clem. 42,5.

61 Vgl. A. Lindemann, Die Clemensbriefe (Die Apostolischen Väter 1; Handbuch zum Neuen Testament 17), Tübingen 1992, 135.

62 Vgl. R. M. Hübner, Die Anfänge von Diakonat, Presbyterat und Episkopat, 70–72.

63 R. H. Hübner, Thesen zur Echtheit und Datierung der sieben Briefe des Ignatios: ZAC 1 (1997), 44–72, 45, wendet sich gegen die „selbstverständlich gewordene Datierung der Briefe in die Zeit ca. 110–117" und vermutet, dass „die Ignatianen am ehesten zwischen ca. 165 und 175 verfaßt worden" sind (60).

64 Vgl. H. v. Campenhausen, Kirchliches Amt und geistliche Vollmacht in den ersten drei Jahrhunderten, Tübingen ²1963, 106.

65 Vgl. E. Dassmann, Zur Entstehung des Monepiskopates: ders., Ämter und Dienste in den frühchristlichen Gemeinden, 49–74, 52.

66 Vgl. A. Merkt, Das Problem der apostolischen Sukzession im Lichte der Patristik: Th. Schneider, G. Wenz (Hg.), Das kirchliche Amt in apostolischer Nachfolge I; Freiburg/Göttingen 2004, 264–295, 281f.

67 Trad. apost. 10 (FC 1, 240).

68 Trad. apost. 3 (FC 1, 218).

69 Trad. apost. 24 (FC 1, 274) teilt mit, dass der Diakon den Kranken im Notfall das „signum" geben soll. Evtl. handelt es sich dabei um die Krankensalbung.

70 So bspw. W. Croce, Aus der Geschichte des Diakonats: K. Rahner, H. Vorgrimler (Hg.), Diaconia in Christo (QD 15/16), Freiburg 1962, 95.

71 Vgl. trad. apost. 28 (FC 1, 282).

72 Im Zusammenhang mit der Mahlordnung lautet die Begründung für entsprechendes Handeln in trad. apost. 28 (FC 1, 280): „Ihr seid das Salz der Erde." (Mt 5,13).

73 Didasc. Cap. IX (zit. n. TU 25, 2, 45).

74 Didasc. Cap. XI: TU 25,2,59.

75 Vgl. G. Schöllgen, Die Anfänge der Professionalisierung des Klerus und das kirchliche Amt in der Syrischen Didaskalie (JbAC. E 26), Münster 1998, 3.

76 T. Dom. I.34,1 (B. Fischer, Dienst und Spiritualität des Diakons: Frömmigkeit der Kirche. Gesammelte Studien zur christlichen Spiritualität, hg. v. A. Gerhards, A. Hainz, Bonn 2000, 193–203, 196).

77 Vgl. I. Doens, Ältere Zeugnisse über den Diakon aus den östlichen Kirchen, in: K. Rahner, H. Vorgrimler (Hg.); Diaconia in Christo, 31–56; B. Fischer, Dienst und Spiritualität des Diakons, 193–203. Hier finden sich alle Passagen, die den Dienst und die Spiritualität des Diakons betreffen.

78 Vgl. J. Ratzinger, Einführung in das Christentum. Vorlesungen über das Apostolische Glaubensbekenntnis, München 2000, 46–48.

79 T. Dom. I.38,2f.

80 Vgl. Didasc. IX; TU 25,2,50).

81 Zu den Entwicklungen im Einzelnen L. Ott, Das Weihesakrament (HDG IV/5), Freiburg 1969, 9–25.

82 Vgl. H. v. Campenhausen, Die Anfänge des Priesterbegriffs in der alten Kirche: ders., Tradition und Leben, Kräfte der Kirchengeschichte, Tübingen 1960, 272–289.

83 Vgl. J.-P. Audet, Priester und Laie in der christlichen Gemeinde. Der Weg in die gegenseitige Entfremdung: ders., Der priesterliche Dienst I. Ursprung und Frühgeschichte (QD 46), Freiburg-Basel-Wien 1970, 115–175.

84 Vgl. H.-C. Schmidt-Lauber, Liturgie und Diakonie: BuL 69 (1996), 2, 60–75, 66.

85 P. Philippi, Art. Diakonie I: TRE 8 (1981), 621–644, 628.

86 Vgl. H. Zirker, Caritas als Grundfunktion der Kirche: Caritas 90 (1989), 532–542.

87 Vgl. zum Folgenden G. L. Müller, Der Diakonat – Entwicklung und Perspektiven. Studien der Internationalen Theologischen Kommission zum sakramentalen Diakonat, Würzburg 2004, 38–40.

88 G. L. Müller, Der Diakonat – Entwicklung und Perspektiven, 40.

89 Vgl. A. Lochmann, Das Verhältnis von Diakonat und Presbyterat in der Kirchengeschichte: Diaconia Christi 25 (1990), 2/3, 52–59.

90 Hieronymus ep. 146, 1f, PL 22, 1195 (CSEL 56, 310f).

91 Ambrosiast. (Ps. Aug.), quaest. test. 101 (CSEL 50, 193ff.).

92 Ambrosiast. (Ps. Aug.), quaest. test. 101, 9 (CSEL 50, 197).

93 Vgl. L. Ott, Das Weihesakrament, 44.

94 Vgl. W. Croce, Die niederen Weihen und ihre hierarchische Wertung. Eine geschichtliche Studie: ZKTh 70 (1948), 256–314, 302.

95 Vgl. Thomas v. Aquin, S.th. suppl. q. 37, a.2c.

96 L. Ott, Das Weihesakrament, 79f.

97 DH 1326.

98 Can. 6 (DH 1776).

99 CT IX, 14, Z. 18–20 und 25f.

100 Vgl. J. Lécuyer, Der Diakonat in den kirchlichen Lehräußerungen: K. Rahner, H. Vorgrimler (Hg.), Diaconia in Christo, 205–219, 211f.

101 Vgl. L. Ott, Das Weihesakrament, 131f.

102 K. Rahner, Die Theologie der Erneuerung des Diakonates: ders., H. Vorgrimler (Hg.), Diaconia in Christo, 285–324, 309.

103 Vgl. M. Morche, Zur Erneuerung des Ständigen Diakonats. Ein Beitrag zur Geschichte unter besonderer Berücksichtigung der Arbeit des Internationalen Diakonatszentrums in seiner Verbindung zum Deutschen Caritasverband, Freiburg 1996, 15–18.

104 Vgl. H. Kramer, M. Morche, Caritas und Diakonatsbewegung in der ersten Phase (1905–1992): Diaconia Christi 29 (1994), 3/4, 23–34.

105 AAS 49 (1957), 925; DH 3858; 3860.

106 H. Vorgrimler, Erneuerung des Diakonats nach dem Konzil: Der Seelsorger 35 (1965), 102–115, 103.

107 G. L. Müller (Hg.), Der Diakonat – Entwicklung und Perspektiven, 76.

108 G. Alberigo (Hg.), Geschichte des Zweiten Vatikanischen Konzils (1959–1965). Das mündige Konzil. Zweite Sitzungsperiode und Intersessio September 1963–September 1964, Bd. III, dt. Ausgabe hg. v. K. Wittstadt, Mainz-Leuven 2002, 81.

109 W. Kasper, Die Heilssendung der Kirche in der Gegenwart (Pastorale Handreichung für den pastoralen Dienst – Einleitungsfaszikel), Mainz 1970, 63.

110 Vgl. O. H. Pesch, Das Zweite Vatikanische Konzil. Vorgeschichte – Verlauf – Ergebnisse – Nachgeschichte, Würzburg 2001, 192; W. Kasper, Kircheneinheit und Kirchengemeinschaft in katholischer Perspektive: K. Hillenbrand, H. Niederschlag (Hg.), Glaube und Gemeinschaft, Würzburg 2000, 100–117, 106.

111 DCE 24.

112 M. Kehl, Ecclesia universalis, 247.

113 M. Kehl, Ecclesia universalis, 247.

114 G. Greshake, Priester sein in dieser Zeit, Freiburg 2000, 197.

115 P. J. Cordes, Sendung zum Dienst. Exegetisch-historische und systematische Studien zum Konzilsdekret „Vom Dienst und Leben der Priester, Frankfurt 1972, 165.

116 Vgl. G. Bausenhart, Das Amt in der Kirche, 285.

117 Nota explicativa praevia 2 zu LG.

118 J. Ratzinger, Die Ekklesiologie des Zweiten Vatikanums, 51.
119 W. Kasper, Zur Theologie und Praxis des bischöflichen Amtes: W.
     Schreer, G. Steins (Hg.), Auf neue Art Kirche sein. Wirklichkeiten –
     Herausforderungen – Wandlungen, München 1999, 32–48, 40.
120 K. Lehmann, Das dogmatische Problem des theologischen Ansatzes
     zum Verständnis des Amtspriestertums: F. Henrich (Hg.), Existenzpro-
     bleme des Priesters, München 1969, 121–175, 155.
121 K. Lehmann, Das dogmatische Problem, 156.
122 Auf diese Gefahr weist auch G. Greshake, Priester sein, 107f., hin.
123 Vgl. P. Hünermann, Diakonat – Ein Beitrag zur Erneuerung des kirchli-
     chen Amtes? Wider-Holung: Diaconia Christi 29 (1994), 3/4, 13–22, 21.
124 J. Ratzinger, Jesus von Nazareth, Freiburg 2006, 368.
125 Johannes Paul II., Schreiben an alle Priester der Kirche zum Gründon-
     nerstag (dApSt 7), hg. v. Sekretariat der Deutschen Bischofskonferenz,
     Bonn 1979, 9.
126 Vgl. G. Bausenhart, Das Amt in der Kirche, 261.
127 K. Lehmann, Das dogmatische Problem, 165f.
128 Vgl. A. Weiss, Der Ständige Diakon. Theologisch-kanonistische und so-
     ziologische Reflexionen anhand einer Umfrage, Würzburg ²1992,76.
129 H. Vorgrimler, Kommentar zu LG 29: LThK. E. I (1966), 256–259, 258.
130 Vgl. H. J. Pottmeyer, Die zwiespältige Ekklesiologie des Zweiten Vatica-
     nums – Ursachen nachkonziliarer Konflikte: TThZ 92 (1983), 272–283.
131 Vgl. J. Caminada, Der Diakon. Reflexionen über die Dogmatik des eigen-
     ständigen „Dienstamtes" in der Kirche, Diss. Münster 1970; A. Winter,
     Das komplementäre Amt. Überlegungen zum Profil des eigenständigen
     Diakons: IKaZ 7 (1978), 269–281.
132 Vgl. W. Kasper, Der Diakon in ekklesiologischer Sicht angesichts der ge-
     genwärtigen Herausforderungen in Kirche und Gesellschaft: Diaconia
     Christi 32 (1997), 3/4, 13–33.
133 W. Kasper, Der Diakon in ekklesiologischer Sicht, 17.
134 Vgl. W. Kasper, Dank für 25 Jahre Ständiges Diakonat: Diaconia Christi
     29 (1994), 1/2, 22–34, 24.
135 W. Kasper, Der Diakon, 20.
136 Vgl. B. J. Hilberath, Ordinationstheologische Leitlinien zum Ständigen
     Diakonat: Draußen vor der Tür? Diakone und Diakonie. Hg. v. Bischöf-
     lichen Ordinariat Rottenburg-Stuttgart, Rottenburg-Stuttgart 2001,
     23–31, 26.
137 B. J. Hilberath spricht sich damit keinesfalls für eine rein funktionale
     Amtsbegründung aus. Vielmehr gelte laut B. J. Hilberath, Tübinger The-
     sen zum Amt in der Kirche: K. Raiser, D. Sattler (Hg.), Ökumene vor
     neuen Zeiten, Freiburg-Basel-Wien 2000, 261–293, 286: „Der Dienst
     der Ordinierten ist eine Funktion, die für die Kirche wesentlich ist und
     das ‚Wesen' der Ordinierten prägt, ohne dass sie dadurch in ihrem per-

sönlichen ,Wesen' oder ontologischen Status verändert, überhöht usw. würden. Wenn aber eine Funktion eine Person wesentlich charakterisiert, kann man das als ontologisch bezeichnen."

138 So sieht es auch die Deutsche Bischofskonferenz in Der Pastorale Dienst in der Pfarrgemeinde. Eine Erklärung der Deutschen Bischofskonferenz: Zur Pastoral der Gemeinde (Freiburger Texte 25), hg. v. Erzbischöflichen Ordinariat Freiburg, Freiburg 1996, 9–35, 22.

139 B. J. Hilberath, Communio hierarchica. Historischer Kompromiß oder hölzernes Eisen?: ThQ 177 (1997), 202–219.

140 Vgl. zu diesem Modell vor allem G. L. Müller, Die Einheit der drei Ordostufen im apostolischen Ursprung: LebZeug 57 (2002), 14–21; ders. Priestertum und Diakonat. Der Empfänger des Weihesakramentes in schöpfungstheologischer und christologischer Perspektive, Freiburg 2000; ders., Theologische Überlegungen zur Weiterentwicklung des Diakonats: MThZ 40 (1989), 129–143; ders. (Hg.), Der Diakonat – Entwicklung und Perspektiven.

141 G. L. Müller, Priestertum und Diakonat, 159f.

142 So auch formuliert in Paul VI., Ad pascendum: AAS 54 (1972), 534–540.

143 Vgl. zum Folgenden P. J. Cordes, „Sacerdos alter Christus"? Der Repräsentationsgedanke in der Amtstheologie: Cath 26 (1972), 38–49.

144 Vgl. hierzu S. Sander, Gott begegnet im Anderen. Der Diakon und die Einheit des sakramentalen Amtes, Freiburg 2006, 104–106.

145 DCE 14.

146 DCE 25.

147 Vgl. I. Baumgartner, „Seht, wie sie einander lieben". Wirkmächtig oder folgenlos? Überlegungen zu einer diakonischen Pastoral: P. Klasvogt, H. Pompey (Hg.), Liebe bewegt ... und verändert die Welt, Paderborn 2008, 99–112, 100.

148 Vgl. H. Haslinger, Diakonie zwischen Mensch, Kirche und Gesellschaft. Eine praktisch-theologische Untersuchung der diakonischen Praxis unter dem Kriterium des Subjektseins des Menschen, Würzburg 1996, 380.

149 Vgl. O. Fuchs, Ämter für eine Zukunft der Kirche. Ein Denkanstoß, Luzern 1993, 79.

150 Institutio Generalis Missalis Romani, Editio typica tertia 2002: Grundordnung des Römischen Messbuchs. Vorabpublikation zum Deutschen Messbuch (3. Auflage), Arbeitshilfen der Deutschen Bischofskonferenz Nr. 125, hg. v. Sekretariat der deutschen Bischofskonferenz, Bonn 2007.

151 Vgl. beispielsweise Did. 1; 9–10; 14,1.2; 15,4; trad. apost. 28 (FC 1, 279ff).

152 M. Kehl, Ecclesia universalis, Zur Frage nach dem Subjekt der Universalkirche: E. Klinger, K. Wittstadt (Hg.), Glaube im Prozeß. Christsein nach dem II. Vatikanum (FS K. Rahner), Freiburg-Basel-Wien 1984, 204–257, 256.